Regionalgeschichte im Zeichen politischen Wandels

Kieler Werkstücke

Reihe H:
Beiträge zur Neueren und Neuesten Geschichte

Herausgegeben von Christoph Cornelißen

Band 1

PETER LANG
Frankfurt am Main · Berlin · Bern · Bruxelles · New York · Oxford · Wien

Lena Cordes

Regionalgeschichte im Zeichen politischen Wandels

Die Gesellschaft für
Schleswig-Holsteinische Geschichte
zwischen 1918 und 1945

Bibliografische Information der Deutschen Nationalbibliothek
Die Deutsche Nationalbibliothek verzeichnet diese Publikation in der
Deutschen Nationalbibliografie; detaillierte bibliografische Daten sind im
Internet über http://dnb.d-nb.de abrufbar.

Umschlagabbildung:
Siegel der Christian-Albrechts-Universität zu Kiel.

Die Universität trägt ihren Namen nach ihrem Gründer, dem Herzog
Christian Albrecht von Schleswig-Holstein-Gottorf, der sie im
Jahre 1665 – nur siebzehn Jahre nach dem Ende des Dreißigjährigen
Krieges – für sein Herzogtum ins Leben rief. An diese Zeit erinnert
auch ihr Siegel: Es zeigt eine Frauengestalt mit einem Palmzweig
und einem Füllhorn voller Ähren in den Händen, die den Frieden
versinnbildlicht. Das Siegel trägt die Unterschrift: Pax optima rerum
(Frieden ist das höchste der Güter).

Abdruck mit freundlicher Genehmigung
der Christian-Albrechts-Universität.

Gedruckt auf alterungsbeständigem,
säurefreiem Papier.

ISSN 1866-413X
ISBN 978-3-631-61556-0

© Peter Lang GmbH
Internationaler Verlag der Wissenschaften
Frankfurt am Main 2011
Alle Rechte vorbehalten.

Das Werk einschließlich aller seiner Teile ist urheberrechtlich
geschützt. Jede Verwertung außerhalb der engen Grenzen des
Urheberrechtsgesetzes ist ohne Zustimmung des Verlages
unzulässig und strafbar. Das gilt insbesondere für
Vervielfältigungen, Übersetzungen, Mikroverfilmungen und die
Einspeicherung und Verarbeitung in elektronischen Systemen.

www.peterlang.de

Vorwort

Obwohl in den letzten zwei Jahrzehnten das Beziehungsgeflecht von Politik und Geschichtswissenschaft im Mittelpunkt einer breit geführten historiographie-geschichtlichen Debatte stand, sind die außeruniversitären historischen Institute und Vereine hiervon zunächst nur am Rande erfasst worden. Auch über die Geschichte der „Gesellschaft für Schleswig-Holsteinische Geschichte" (GSHG) liegen bislang keine neueren wissenschaftlichen Arbeiten vor. Die letzte Studie dieser Art erschien Ende der 1950er Jahre. Das ruft Verwunderung hervor, handelt es sich doch bei der GSHG um die älteste fachhistorische Vereinigung im Norden der Bundesrepublik, die traditionell mit ihren Schriften und Veranstaltungen weit über den engeren Rahmen der Fachgemeinde hinaus zu wirken verstand und versteht.

Vor diesem Hintergrund erfüllt die hier im Druck vorgelegte Staatsarbeit von Lena Cordes ein wichtiges Desiderat der Forschung. Auf der Basis einer breiten Quellenrecherche, die nicht nur die gedruckten Publikationen der GSHG erfasst, sondern auch verschiedenste archivarische Zeugnisse berücksichtigt, lotet die Verfasserin sorgfältig den Weg der wichtigsten Akteure und ihre Positionierungen für die Zeit zwischen 1918 und 1945 aus. Überdies bettet sie ihre Auswertungen überzeugend in den neuesten Forschungsstand zur Geschichte der Geschichtswissenschaft ein, der sich insbesondere seit den Debatten auf dem Frankfurter Historikertag über das wissenschaftliche und politische Engagement deutscher Historiker im Nationalsozialismus in einem neuen Licht darstellt.

In Kenntnis dieser Debatten richtet Frau Cordes ihr Hauptaugenmerk auf die Fragen danach, welche Rückwirkungen die politischen Umbrüche der Jahre 1918/19 und 1933 auf die Arbeit der GSHG und das Selbstverständnis ihrer führenden Mitglieder entfaltet haben. Darüber hinaus fragt sie nach dem Wandel der historiographischen Deutungsmuster, wobei sie mit gutem Grund den Abhandlungen und Stellungnahmen der GSHG zur deutsch-dänischen Beziehungsgeschichte ein besonderes Augenmerk schenkt. Hierüber vermag sie zum einen zu verdeutlichen, wie stark und wie lange der Traditionsüberhang einer Zeit nachwirkte, in der die Gesellschaft ihre Aufgabe vornehmlich darin erkannte, verfassungsgeschichtliche Arbeiten und Urkunden zu publizieren. War dies auf der einen Seite wissenschaftlich wenig innovativ, schützte es auf der anderen Seite Vorstand und Mitglieder vor allzu aufdringlichen politischen Zumutungen. Zum anderen aber ergab sich über die Konzentration auf die deutsch-dänische Beziehungs-, ja Konfliktgeschichte ein fortlaufendes Spannungsverhältnis zur Politik. Letztlich muss man sogar von einer weitgehenden Politisierung der Aktivitäten der GSHG sprechen, versuchte sie doch seit den 1920er Jahren die Forderungen nach einer Revision der neuen Staatsgrenze mit ihren Schriften aktiv zu unterstützen. Im gleichen Jahrzehnt ging dies mit einer starken Konzentration auf das Lokale und Heimatliche einher, wobei die regionalgeschichtlich innovativeren Ansätze der „Volksgeschichte" kaum aufgegriffen wurden.

Im Jahr 1933 jedoch vollzog die Gesellschaft einen deutlichen Schwenk. Frau Cordes spricht in diesem Zusammenhang sogar von einem „Andienen" an das neue Regime beziehungsweise von einer „Zeit der Kollaboration", daneben von einer „Billigung des totalitären Regimes", wofür sie verschiedene Dokumente anzuführen weiß.

Insgesamt jedoch macht die Autorin deutlich, dass sowohl die Auswahl der Themen als auch deren Tenor einem überkommenen „Schleswig-Holsteinismus" verhaftet blieben. Von einer vollkommenen politischen Gleichschaltung könne also keine Rede sein.

In der Summe besticht die vorliegende Arbeit durch ihre sorgfältige und umfassende Recherche, abwägende Argumentation sowie die klare Darlegung der Thesen. Die Verfasserin scheut überdies nicht vor klaren Urteilen zurück. Das heißt: In einem auch quellentechnisch nicht einfach zu ergründenden Themenfeld nimmt sie klar Position, begründet diese und weiß sie gut zu belegen. Ich wünsche der Publikation deswegen eine weite Leserschaft.

Christoph Cornelißen

Inhalt

Abkürzungsverzeichnis 9
1. Einleitung 11
2. Die Gesellschaft für Schleswig-Holsteinische Geschichte bis 1918 19
   2.1   Gründung und Bewahrung – Die Gesellschaft im 19. Jahrhundert 19
   2.2   Von der schleswig-holsteinischen zur preußischen Geschichtsgesellschaft:
        Die vorrepublikanische Zeit 26
3. Zwischen Anpassung und Revisionismus: Die Gesellschaft für
   Schleswig-Holsteinischen Geschichte in der Weimarer Republik 29
   3.1   Die personelle Grundlage – Die Schriftführer der Gesellschaft 29
       3.1.1   Paul von Hedemann-Heespen 29
       3.1.2   Arnold Oskar Meyer 32
       3.1.3   Volquart Pauls 33
   3.2   Institutionelle Bedingungen und Veränderungen 41
       3.2.1   Mitgliederbewegung und -zusammensetzung 41
       3.2.2   Finanzierung 43
       3.2.3   Umstrukturierungen 45
   3.3   Programmatisches Ringen 47
       3.3.1   Anti-preußischer Separatismus 47
       3.3.2   Beteiligung am „Grenzkampf"? 53
   3.4   Inhaltliche Ausrichtung – Die Zeitschrift der Gesellschaft für
        Schleswig-Holsteinische Geschichte.. 56
       3.4.1   „Traditionelle" Landesgeschichte im Zeichen des Revisionismus 57
       3.4.2   Volksgeschichtliche Tendenzen in der Zeitschrift der Gesellschaft 60
4. Die Hundertjahrfeier – Zwischen Erinnerung und Aufbruch 65
   4.1   Das Selbstbild der schleswig-holsteinischen Geschichtsgesellschaft 66
       4.1.1   „Hundert Jahre Gesellschaft für Schleswig-Holsteinischen Geschichte"
             von Volquart Pauls 66
       4.1.2   „Gedanken zum Geburtstag einer Hundertjährigen" von
             Paul von Hedemann-Heespen 69
       4.1.3   Arnold Oskar Meyers „Ein Jahrhundert Gesellschaft für
             Schleswig-Holsteinische Geschichte" 72
   4.2   Der Festakt 74
       4.2.1   Die Festpredigt 75
       4.2.2   Die Begrüßungsrede Hermann Todsens 77
       4.2.3   Die Festrede Otto Scheels 77
5. Die Gesellschaft für Schleswig-Holsteinische Geschichte im
   Nationalsozialismus 81
   5.1   Personelle Bedingungen und Veränderungen 81
       5.1.1   Jens Jessen 82
       5.1.2   Die Amtszeit der Landeshauptmänner 83

	5.2	Institutionelle Gleichschaltung?	85
		5.2.1 Die Satzungsänderungen 1933 und 1935	85
		5.2.2 Mitgliederbewegung und Finanzierung	89
	5.3	Programmatische Aussagen	91
		5.3.1 Begrüßung der „neuen Zeit" in einem Brief des Vorstands an die Mitglieder	92
		5.3.2 Jens Jessens Rede auf der Sommerveranstaltung 1933	93
	5.4	Inhaltliche Anpassung?	94
		5.4.1 Allgemeine Tendenz der Zeitschrift	95
		5.4.2 Die Schleswig-Holsteinische Frage	97
		5.4.3 Das Germanentum	99
		5.4.4 Die „Beiträge zur Judenfrage in Schleswig-Holstein"	102

6. Zusammenfassung und Schlussbetrachtung ... 107

Quellen- und Literaturverzeichnis ... 113
  A. Quellen ... 113
    1.) Ungedruckte Quellen ... 113
    2.) Gedruckte Quellen ... 113
    3.) Zeitschriften ... 115
  B. Literatur ... 115
  C. Internetressourcen ... 119

Abkürzungsverzeichnis

ASKHSHL	Archiv für Staats- und Kirchengeschichte der Herzogthümer Schleswig, Holstein und Lauenburg und der angrenzenden Länder und Städte
DG	Demokratische Geschichte
GSHG	Gesellschaft für Schleswig-Holsteinische Geschichte
GWU	Geschichte in Wissenschaft und Unterricht
HZ	Historische Zeitschrift
WF	Westfälische Forschungen
ZfG	Zeitschrift für Geschichtswissenschaft
ZSHG	Zeitschrift der Gesellschaft für Schleswig-Holsteinische Geschichte

1. Einleitung

Obwohl die historischen Vereine und Gesellschaften in Deutschland seit dem 19. Jahrhundert einen wesentlichen Pfeiler der Beschäftigung mit der Geschichte in der Öffentlichkeit abgaben, wählten sie nur selten ihre eigene Vergangenheit zum Gegenstand einer historisch-kritischen Aufarbeitung. Auch im Fall der „Gesellschaft für Schleswig-Holsteinische Geschichte" schien ein solches Unterfangen lange Zeit nicht opportun. Warum dies unter anderem der Fall war, erläuterte der Schriftführer der Gesellschaft, Olaf Klose, als er aus Anlass des 125jährigen Jubiläums der „Gesellschaft für Schleswig-Holsteinische Geschichte"[1] im Jahr 1958 eine Festschrift zu der „dramatischen und wechselvollen Geschichte"[2] des Geschichtsvereins für die Phase zwischen 1933 und 1958 herausgab. In der Einleitung dieses kurzen Werks erwähnt er – wenngleich auch nur am Rande –, dass die Akten der Gesellschaft für den Zeitraum 1933 bis 1944 beim Schlossbrand[3] im Jahre 1944 verbrannt seien.[4] Deswegen hätten ihm als Grundlage seiner Darstellung über den Geschichtsverein in der Zeit des Nationalsozialismus lediglich „die Jahresberichte der ‚Zeitschrift' zur Verfügung [gestanden], und für die Leistungen der Gesellschaft müssen die Veröffentlichungen selbst sprechen."[5] Klose gelang es dennoch in groben Zügen, die wichtigsten Persönlichkeiten, Projekte und Schwierigkeiten anzureißen, aber über einen kurzen Überblick geht die Schrift nicht hinaus.

Über 50 Jahre später ist Kloses kurze Schrift immer noch die einzige, die die Geschichte des schleswig-holsteinischen Geschichtsvereins für die Zeit des Nationalsozialismus behandelt. Ähnlich verhält es sich mit der historischen Aufarbeitung der Geschichte des Vereins für die Jahre der Weimarer Republik. Für diese Zeit liegt lediglich eine zeitgenössische Darstellung vor: die Festgabe des damaligen Schriftführers Volquart Pauls zum Hundertjährigen Ehrentag der Gesellschaft 1933, in der auf den letzten Seiten ebenfalls nur ein kurzer Überblick über die Vereinsgeschichte der 14 Jahre zwischen dem Ende des Ersten Weltkrieg und der „Machtübernahme" der

---

1 Im Folgenden wird die Gesellschaft für Schleswig-Holsteinische Geschichte teilweise mit GSHG abgekürzt und auch als Verein, Geschichtsverein oder Geschichtsgesellschaft bezeichnet. Gerechtfertigt werden können diese Bezeichnungen, das es sich bei der Gesellschaft für Schleswig-Holsteinische Geschichte um eine Vereinigung von Personen zur Erreichung eines gemeinsamen Zwecks und einen eingetragenen Verein handelt. Vgl. dazu die Satzung vom 24. Mai 2003, einzusehen auch auf der Internetseite der Gesellschaft: http://www.geschichte-s-h.de/themadesmonatsindex.htm, letzter Zugriff am 14. Februar 2011.
2 Olaf Klose: 125 Jahre Gesellschaft für Schleswig-Holsteinische Geschichte. 13. März 1833 – 13. März 1958, Neumünster 1958, S. 3.
3 Im Jahr 1944 wurde die Kieler Innenstadt verstärkt Ziel der alliierten Luftangriffe. Neben der hohen Zahl an Todesopfern, waren auch erhebliche materielle und ideelle Schäden durch den Bombenkrieg verursacht worden. So auch die Zerstörung des Kieler Schlosses bei einem der Bombenangriffe im Jahr 1944. Es gelang zwar einige der Bibliothek und Archive des Schlosses zu evakuieren, doch anderes wurde bei dem Brand in der Bombennacht vernichtet. Vgl. dazu Peter Wulf: Die Stadt in der nationalsozialistischen Zeit (1933 bis 1945), in: Ders./ Jürgen Jensen (Hg.): Geschichte der Stadt Kiel, Neumünster 1991, S. 398f.
4 Ebd., S. 4.
5 Ebd., S. 5.

Nationalsozialisten gegeben wird. Dazu kommt, dass der Verfasser durch seine Position als Schriftführer in dieser Zeit sehr eng mit dem Verein verwoben war. Pauls selbst gesteht ein, dass es ihm daher nicht möglich war, den Geschichtsverein in diesen Jahren mit der erforderlichen Distanz zu beurteilen.[6]

Der schleswig-holsteinische Verein steht mit der zögerlichen Aufarbeitung seiner eigenen Vergangenheit für die Zeit seit 1918 keineswegs allein. Auf einer Studienkonferenz zum Thema Geschichtsvereine stellte der Historiker Klaus Pabst 1990 beispielsweise fest, dass „das historische Vereinswesen unter dem Nationalsozialismus [...] bisher nur wenig erforscht [ist]."[7] Besonders für die Geschichtsvereine scheint diese These bis in die Gegenwart zutreffend zu sein. Zwar rückte die Rolle der Geschichtswissenschaft in der Zeit des nationalsozialistischen Regimes in den vergangenen zwanzig Jahren in den Fokus historiographie-geschichtlicher Forschung, doch dabei blieben die außeruniversitären landesgeschichtlichen Institutionen lange außen vor. Nur wenige Historiker haben sich vor den 1990er Jahren der Aufarbeitung der eigenen Wissenschaftsgeschichte zugewandt. Die frühesten Arbeiten hierzu sind die Schriften von Helmut Heiber zu dem NS-Historiker Walter Frank und dem von ihm aufgebauten „Reichsinstituts für die Geschichte des neuen Deutschlands" sowie Karl Ferdinand Werners Studie zu dem NS-Geschichtsbild in der deutschen Geschichtswissenschaft.[8] Werner entlastete in dieser frühen Studie noch einen Großteil der Historiker, indem er festhielt, dass die „Gleichschaltung des Fachs Geschichte an den deutschen Universitäten gescheitert"[9] sei.[10]

Zu Beginn der 1990er Jahre erfuhr dieses Thema dann einen deutlichen Aufschwung. In den Blick der Forschung gerieten jedoch hauptsächlich die universitären Institutionen und wenige bekannte Historiker, darunter vor allem diejenigen, die im unmittelbaren Umfeld der NSDAP gearbeitet hatten. Als Beispiel für eine kritische Auseinandersetzung mit ihnen wäre Karen Schönwälders Abhandlung über Historiker im Nationalsozialismus zu nennen, in der sie die gängige Meinung von einer relativ unpolitischen und regimefernen Geschichtswissenschaft in Frage stellt und konstatiert, dass Geschichtswissenschaft im Nationalsozialismus Übereinstimmung, Anpassung, Kooperation und sogar Einsatz „von Wissenschaft für die Zwecke von Krieg und Eroberung" sowie „ ‚Sinnstiftung' für ein verbrecherisches Regime und dessen Erobe-

---

6   Volquart Pauls: Hundert Jahre Gesellschaft für Schleswig-Holsteinische Geschichte. 1833 – 13. März – 1933, Neumünster 1933, S. 199ff.
7   Klaus Pabst: Thesen zur Entwicklung der Historischen Vereine in Deutschland in der Zeit des Dritten Reiches, in: Geschichtsvereine. Entwicklungen und Perspektiven lokaler und regionaler Geschichtsarbeit. Dokumentation einer Studienkonferenz in Zusammenarbeit mit dem Landschaftsverband Rheinland/ Referat Heimatpflege, hrsg. v. Thomas-Morus-Akademie Bensberg (Bensberger Protokolle 62), Bergisch Gladbach 1990, S. 35.
8   Helmut Heiber: Walter Frank und sein Reichsinstitut für Geschichte des neuen Deutschlands (Quellen und Darstellungen zur Zeitgeschichte, Bd. 13), Stuttgart 1966; Karl Ferdinand Werner: Das NS-Geschichtsbild und die deutsche Geschichtswissenschaft, Stuttgart 1967.
9   Ebd., S. 67.
10 Vgl. dazu auch: Peter Schöttler (Hg.): Geschichtsschreibung als Legitimationswissenschaft. 1918-1945, Frankfurt a.M. 1997, S. 13.

rungsfeldzug" bedeutete.[11] Während hier mit überkommenen Vorstellungen aufgeräumt wird, bietet ein 1997 von Peter Schöttler herausgegebener Band eine Zusammenfassung der vorangegangenen Forschungsdiskussion dar. Ungeachtet der sehr unterschiedlichen Beiträge, erscheint die These konsensfähig, dass der Geschichtswissenschaft nicht nur in den Jahren 1933 bis 1945 eine Legitimationsfunktion zukam, sondern dies auch für die Geschichtsschreibung der Weimarer Republik gilt.[12]

Und doch ließ auch dieses Werk noch genug Fragen offen, sodass eine präzise Rekonstruktion der Geschichte der Geschichtswissenschaft in den Jahren 1918 bis 1945 und die Einordnung des Stellenwerts historischen Wirkens auf die Konkretisierung nationalsozialistischer Politik weiterhin notwendig erschienen.[13] So wurde der Historikertag 1998 zum Forum einer Diskussion darüber, wie die „Verstrickung deutscher Historiker in die nationalsozialistische Vernichtungspolitik"[14] bewertet werden kann und sollte. Diese auf dem Frankfurter Historikertag begonnene Debatte, stieß auch in der allgemeinen Öffentlichkeit auf große Resonanz, sodass hier nicht nur ein Anstoß für eine umfassendere Beschäftigung mit dieser Thematik gegeben wurde, sondern die Diskussion auch in die Feuilletons verlagert wurde.[15]

Neben diesen allgemeinen Darstellungen zur Rolle der Geschichtswissenschaft im „Dritten Reich" wurde speziell auch die volksgeschichtliche Forschung in den Blick genommen, wodurch einige außeruniversitäre Institutionen, besonders die größeren, überregionalen NS-Forschungsverbände, die sogenannten Volksdeutschen Forschungsgemeinschaften, in den Fokus der wissenschaftlichen Aufarbeitung gerieten. Vorreiter war hier vor allem Willi Oberkrome,[16] der mit seiner Untersuchung über die Volksgeschichte in der Zeit von 1918 bis 1945 kontroverse Reaktionen hervorrief. Einerseits wird seine Untersuchung als „Pionierstudie" bezeichnet, die die Volksgeschichte zum „Gegenstand ernsthafter Forschung" machte,[17] andererseits kritisiert, dass er die NS-Historie verharmlosen würde, indem er sie als „innovativ" bezeichne.[18]

---

11 Karen Schönwälder: Historiker und Politik. Geschichtswissenschaft im Nationalsozialismus, (Historische Studien, Bd. 9), Frankfurt a.M./ New York 1992, S. 268.
12 Schöttler: Geschichtsschreibung.
13 Vgl. Christoph Cornelißen: Rezension zu: Schöttler: Geschichtsschreibung, in: HZ 269 (1999), S. 238.
14 Winfried Schulze/ Otto Gerhard Oexle (Hg.): Deutsche Historiker im Nationalsozialismus, Frankfurt a.M. 1999, S. 9.
15 Vgl. Winfried Schulze/ Gerd Helm/ Thomas Ott: Deutsche Historiker im Nationalsozialismus. Beobachtungen und Überlegungen zu einer Debatte, in: Schulze/ Oexle: Deutsche Historiker, S. 11. Ohne Anspruch auf Vollständigkeit sei hier nur auf einige weitere überzeugende Darstellungen verwiesen: Frank Rutger Hausmann (Hg.): Die Rolle der Geisteswissenschaft im Dritten Reich 1933-1945, München 2002; Hartmut Lehmann/ Otto Gerhard Oexle (Hg.): Nationalsozialismus in den Kulturwissenschaften. 2 Bde., Göttingen 2004.
16 Willi Oberkrome: Volksgeschichte. Methodische Innovation und völkische Ideologisierung in der deutschen Geschichtswissenschaft 1918-1945 (Kritische Studien zur Geschichtswissenschaft, Bd. 101), Göttingen 1993.
17 Cristof Dipper: Rezension zu: Oberkrome: Volksgeschichte, in: HZ 261 (1995), S. 458f.
18 Vgl. dazu: Schöttler: Geschichtsschreibung, S. 18. Zu nennen wären für den Bereich der „Volkstumsforschung" außerdem Ingo Haar: Historiker im Nationalsozialismus. Deutsche Geschichtswissenschaft und der „Volkstumskampf im Osten, Göttingen 2000, Manfred Hettling (Hg.): Volksgeschichten im Europa der Zwischenkriegszeit, Göttingen 2003, Michael Fahl-

Damit war ein erster Schritt getan, auch die außeruniversitären Institutionen einer wissenschaftlich-kritischen Betrachtung zu unterziehen, doch Untersuchungen, die die Rolle einzelner regionaler Geschichtsvereine im Nationalsozialismus zum Gegenstand hatten, ließen weiterhin auf sich warten. Erst in den späten 1990er Jahren wurden die Studien zu ausgewählten Regionen oder landeshistorischen Vereinigungen veröffentlicht, in denen die Zeit des Nationalsozialismus nicht ausgespart wurde und damit über „offiziöse Vereinsrückblicke"[19] hinausgingen.[20] Mitte 2005 reagierte der Gesamtverein der deutschen Geschichts- und Altertumsvereine auf dieses Forschungsdesiderat und machte das Thema „Landesgeschichte und Geschichtsvereine in der NS-Zeit" zum Gegenstand des 32. Tages der Landesgeschichte. Mit dem Tagungsband, erschienen in den „Blättern für deutsche Landesgeschichte", liegen nun einige Aufsätze zur Rolle der landesgeschichtlichen Vereine im Nationalsozialismus vor.[21] Doch damit bewendet es sich. Für die Erforschung der Regionalgeschichte in der Weimarer Republik ergibt sich ein ähnliches Bild, da auch hier den politisch affirmativen Tendenzen der landesgeschichtlichen Forschung lange Zeit wenig Beachtung geschenkt wurde.

Vor diesem Hintergrund soll mit der hier vorgelegten Untersuchung der Versuch unternommen werden, die Geschichte des schleswig-holsteinischen Vereins für die Zeit der Weimarer Republik und des Nationalsozialismus zu untersuchen und hierüber Motive, Handlungen und Tendenzen in der landesgeschichtlichen Forschung herauszuarbeiten. Gleichzeitig wird ein Beitrag zur Historiographiegeschichte Schleswig-Holsteins und zum Vereinswesen in dieser Zeit angestrebt.

Die Gesellschaft für Schleswig-Holsteinische Geschichte bietet sich für eine solche Untersuchung an, da es sich um einen der bekanntesten deutschen, aus dem Geist des nationalen Liberalismus geborenen Geschichtsvereine handelt, die sich im Laufe des 19. Jahrhunderts in Deutschland bildeten. Die Gesellschaft konnte sich seit 1833 ohne dauerhafte Unterbrechungen über die politischen Umbrüche in der schleswig-holsteinischen Geschichte behaupten und die landesgeschichtliche Arbeit im Rahmen der wechselnden Staatsformen am Leben halten. Damit ist die Gesellschaft für Schleswig-Holsteinische Geschichte nicht nur der älteste Geschichtsverein in Schleswig-Holstein, sondern gehört auch zu den frühesten Vereinigungen dieser Art in Deutschland. Zu ihren Mitgliedern zählten in großer Zahl Professoren und Lehrer. Zwar darf deswegen nicht umstandslos davon ausgegangen werden, dass der Geschichtsverein das schleswig-holsteinische Geschichtsbewusstsein im Land allein bestimmte, aber die Schriften des Vereins geben einen guten Indikator für die Themen der Forschung ab, welche die Einwohner Schleswig-Holsteins über die Jahre bewegte.

busch: Wissenschaft im Dienst der nationalsozialistischen Politik? Die „Volksdeutschen Forschungsgemeinschaften" von 1931-1945, Baden-Baden 1999 sowie als neuerer Beitrag: Ingo Haar/ Michael Fahlbusch (Hg.): Handbuch der völkischen Wissenschaften. Personen, Institute, Forschungsprogramme, Stiftungen, München 2008.

19 Winfried Speitkamp: Landesgeschichte und Geschichtsvereine in der NS-Zeit, in: Blätter für deutsche Landesgeschichte 141/142 (2005/2006), Bd. 1, S. 2.

20 Zu nennen sind hier beispielsweise: Christoph Popp: Der Mannheimer Altertumsverein. 1859-1949. Regionale Forschungen, Sozialstruktur und Geschichtsbild eines Historischen Vereins, Mannheim 1996; Rembert Unterstell: Klio in Pommern. Die Geschichte der pommerschen Historiographie 1815 bis 1945, Köln 1996.

21 Vgl. Blätter für deutsche Landesgeschichte 141/142 (2005/2006), Bd. 1.

Indirekt lassen sich so ebenfalls Aussagen über gewisse Tendenzen im historischen Verständnis der Schleswig-Holsteiner treffen. Auch heute noch nimmt der Verein im öffentlichen Leben Schleswig-Holsteins einen wichtigen Platz ein und bemüht sich somit seit rund 175 Jahren um die regionalgeschichtliche Erforschung des nördlichsten deutschen Territoriums.

In der vorliegenden Studie steht die Tätigkeit des Vereins in den Jahren 1918 bis 1945 im Mittelpunkt. Dieser Zeitabschnitt wurde gewählt, da sich die Arbeit der Geschichtsgesellschaft hier in einer durch den politischen Wandel geprägten Zeit zeigt, vom Ende des deutschen Kaiserreichs, über die von revisionistischen Bestrebungen geprägte Weimarer Republik, bis zum nationalsozialistischen Terrorstaat und seinem Zusammenbruch 1945. Innerhalb von 32 Jahren lässt sich die Tätigkeit der Geschichtsgesellschaft in drei verschiedenen Staatsformen nachzeichnen, die sie vor immer wieder neue Herausforderungen stellten. Insgesamt handelte es sich um eine Zeit gravierender politischer Umbrüche, geprägt von den Folgen der militärischen Niederlage und den Auseinandersetzungen um den Versailler Friedensvertrag. Die Erfahrungen aus dem vergangenen Krieg mussten bewältigt und zugleich Erklärungen für die Verantwortung des Deutschen Reichs am Ausbruch des Ersten Weltkriegs gefunden werden. Am Ende konnte die Weimarer Republik den aus dem Weltkrieg und dem Kaiserreich übernommenen Belastungen nicht standhalten. An ihrer Stelle gelangte die nationalsozialistische Diktatur mit Unterstützung ihrer nationalkonservativen Helfer an die Macht. Mit der von Rassenideologie, politischer Verfolgung, Holocaust, und Zweiten Weltkrieg geprägten Herrschaft des totalitären NS-Regimes folgte eine Zeit, die für ganz Europa traumatische Züge annehmen sollte.

Die Kriegsniederlage 1918 führte zudem in der nördlichsten Provinz des Deutschen Reiches zum Verlust Nordschleswigs, nachdem die im Versailler Vertrag festgelegte, auf dem Selbstbestimmungsrecht der Völker beruhende Volksabstimmung ein solches Ergebnis erbracht hatte.[22] Diese Abstimmung rief den im 19. Jahrhundert entstandenen Kampf um die staatsrechtliche Stellung Schleswigs wieder auf den Plan. Obwohl die Teilung Schleswigs auf der Grundlage einer freien, demokratischen Wahl basierte, wurde sie in Schleswig-Holstein, aber auch bei der deutschen Minderheit in Nordschleswig,[23] zum Anlass revisionistischer Bestrebungen und als Argument gegen die Bestimmungen des Versailler Friedens genutzt.[24] Diese irredentistischen Strömungen befanden sich, gerade in Verbindung mit „der Frage nach der ‚Wiedergutmachung

---

22 Zum Völkerrecht im Versailler Vertrag und den Auswirkungen auf das Selbstbestimmungsrecht der Völker, S. Thomas Württemberger/ Gernot Sydow: Versailles und das Völkerrecht, in: Gerd Krumeich (Hg.): Versailles 1919. Ziele – Wirkung – Wahrnehmung, Köln 2001, S. 35-52.
23 Vgl. Immo Doege/ Manfred Jessen Klingenberg: Die nationalen Minderheiten im schleswigschen Grenzland. 1920 – 1955 (Schleswig-holsteinische Geschichte in Lichtbildern, Begleitheft 3), Kiel 1990, S. 17, aber auch bei Troels Fink: Geschichte des schleswigschen Grenzlandes, Kopenhagen 1958, S. 196ff.
24 Zum Abstimmungskampf in Schleswig, z.B. Uwe Danker: „Es war immer etwas faul im Staate Dänemark." Der Abstimmungskampf in deutsch-dänischen Grenzregion 1920, in: ders. Jahrhundert-Story, Bd. 2, Flensburg 1999, S. 8-25. Für einen ersten Überblick aber auch geeignet: Peter Wulf: Revolution, schwache Demokratie und Sieg in der „Nordmark" – Schleswig-Holstein in der Zeit der Weimarer Republik, in: Ulrich Lange (Hg.): Geschichte Schleswig-Holsteins. Von den Anfängen bis zur Gegenwart, Neumünster 1996, S. 555.

des Unrechts von Versailles' und der programmatischen Forderung der Nationalsozialisten nach einer Vereinigung aller Deutschen in einem Reich durchaus in Übereinstimmung mit Zielen der NS-Bewegung."[25]

Unter dem Einfluss dieser wechselvollen Zeit, voller ideologischer Grabenkämpfe, standen auch die deutsche Geschichtswissenschaft und die schleswig-holsteinische Landesgeschichtsschreibung. Rückt die Geschichtsschreibung selbst in das Blickfeld der Betrachtung, sollten einige „Grundproblem unserer Zunft"[26] beachtet werden, sind doch „Historiker immer eingebunden in die lebensweltlichen Zusammenhänge ihrer Zeit, ja können sie erst aus ihnen heraus erst sinnvoll arbeiten.[27] Diese Einsicht lässt sich mit einer Feststellung Jörn Rüsens in Verbindung setzen, wonach die Motivation für historische Erkenntnis in den Bedürfnissen „des Menschen nach einer Orientierung seines Handelns und Leidens in der Zeit"[28] liegt. Gerade Phasen, in denen Unsicherheit vorherrscht und Umbrüche stattfinden, bringen demnach ein verstärktes Bedürfnis hervor, „Sinnkriterien" zu entwickeln, die die umgebende Lebenswelt aus der Vergangenheit heraus zu deuten im Stande sind. Die Geschichtswissenschaft trägt durch ihre methodisch geleitete Forschung dazu bei, die Erkenntnisse dieser aus gegenwartsbezogenen Ideen gewonnenen Deutungen in der historischen Darstellung zu formulieren.[29] Durch die Darstellung, die Historiographie, wirkt die historische Forschung in die Gesellschaft zurück aus der die Sinnkriterien entwickelt wurden und bietet somit Orientierungshilfe. Der Geschichtswissenschaft obliegt es also laut Rüsen, „Funktionen der Daseinsorientierung" wahrzunehmen.[30] Diese Daseinsorientierungen wiederum nehmen einerseits Einfluss auf die Fragestellungen an die Vergangenheit, andererseits auf die Positionierung zum gesellschaftlichen und politischen System. Hierbei ist zu bedenken, dass die Daseinsorientierung von gegenwärtigen Ideen und Vorstellungen beeinflusst ist, sodass auch die Sinnkriterien ideologischer Färbung unterliegen.

Das Interesse hinsichtlich historischer Erkenntnisse als Orientierungshilfe in der politischen Positionierung, entzündete sich in Schleswig-Holstein seit Anfang des 19. Jahrhunderts immer wieder an dem Verhältnis Schleswigs zu Dänemark. Deutsche und dänische Historiker rangen seit dieser Zeit um die Deutungshoheit über die schleswigsche Geschichte, seine staatsrechtliche, später auch kulturelle und nationale Verbindung zu Dänemark in der Vergangenheit – nicht zuletzt um politische Entscheidungen zu rechtfertigen.

Gleichzeitig vollzog sich ein theoretischer Wandel innerhalb der Geschichtswissenschaft. Die Landes- beziehungsweise Regionalgeschichte erhielt einen neuen Stellenwert und wurde in den universitären Betrieb eingegliedert. Zudem gewann die „Volksgeschichte" an Bedeutung, die den grenzrevisionistischen Ansprüchen der Zeit gerecht wurde, indem sie den Fokus auf das deutsche „Volkstum" legte, welches über staatliche Landesgrenzen hinweg definiert werden konnte. Dadurch wurde jedoch

---

25 Doege/ Jessen-Klingenberg: Minderheiten, S. 19.
26 Schulze/ Helm/ Ott: Deutsche Historiker, S. 12.
27 Ebd.
28 Jörn Rüsen: Historische Vernunft. Grundzüge einer Historik. Bd. 1: Die Grundlagen der Geschichtswissenschaft, Göttingen 1983, S. 24.
29 Vgl. ebd., S. 26ff.
30 Ebd., S. 28.

zugleich der Raum für einen Anschluss an eine Geschichtswissenschaft im Sinne des NS-Regimes eröffnet, die zur Legitimation der nationalsozialistischen Expansionsbestrebungen instrumentalisiert wurde. Dies lässt erkennen, welche funktionelle Bedeutung der Geschichtswissenschaft innerhalb der Gesellschaft zukommen kann und welche Verantwortung darin liegt, in Zeiten der staatlichen oder nationalen Neuorientierung Deutungsmuster als „Zeitorientierungshilfen" zu konstruieren. Dementsprechend liegt das Haupterkenntnisinteresse der vorliegenden Arbeit darin, zu untersuchen, aus welchen historischen Ereignissen die schleswig-holsteinische Landesgeschichtsforschung ihr Orientierungsbedürfnis nach den politischen Umbrüchen 1919 und 1933 stillte. Welche Tendenzen und Deutungsmuster zeigen sich hier? Wie positionierte sich die Gesellschaft aus ihren historischen Erkenntnissen heraus zum neuen politischen System und zu dem Nachbarland Dänemark? Und welchen Einfluss konnte der Staat auf die inhaltliche und institutionelle Arbeit des Vereins ausüben?

Im ersten Kapitel wird zunächst ein Überblick über die Gründung der schleswig-holsteinischen Geschichtsgesellschaft gegeben und die Traditionen beziehungsweise Geisteshaltungen skizziert, aus denen sie erwachsen ist. Des Weiteren wird in aller Kürze die Entwicklung der Gesellschaft im Deutschen Kaiserreich dargestellt, sodass Kontinuitäten oder Brüche im Übergang zur Weimarer Republik deutlich werden.

Das darauf folgende zweite Kapitel stellt die Gesellschaft in den Jahren der ersten deutschen Republik in den Fokus der Betrachtung. Einerseits sollen hier die personellen und institutionellen Gegebenheiten und Veränderungen in dieser Zeit erläutert und analysiert werden. Andererseits wird hier die programmatische Ausrichtung des Vereins thematisiert und anhand einer Untersuchung der inhaltlichen Ausgestaltung der Zeitschrift der Gesellschaft für Schleswig-Holsteinische Geschichte (ZSHG) deren inhaltliche Umsetzung untersucht.

1933 wurde eine Brücke geschlagen zwischen der Zeit der Weimarer Republik und der Zeit des Nationalsozialismus. Hier werden Ausführungen über die Vergangenheit des Vereins als Zeugnisse für das Selbstbild der Gesellschaft vorgestellt und Äußerungen gegenübergestellt, die anlässlich des Festaktes zum hundertjährigen Jubiläum gemacht wurden und die Stellung des Geschichtsvereins im nationalsozialistischen Deutschland betreffen.

Abschließend wird die Gesellschaft in der Zeit des Nationalsozialismus betrachtet. Dieser Teil der Untersuchung enthält Ausführungen zu personellen und institutionellen Umgestaltungen, die als Reaktion auf den Regimewechsel erfolgten sowie die Darstellung programmatischer Äußerungen im Sinne des „neuen Deutschlands". Eine Analyse der Beiträge, die in dieser Zeit in der Zeitschrift der Gesellschaft erschienen sind, erfolgt anhand von drei Schwerpunktgebieten und soll darüber Aufschluss geben, ob die inhaltliche Anpassung den sonstigen Umgestaltungen entspricht.

Die vorliegende Arbeit stützt sich einerseits auf Quellenmaterial aus den Aktenbeständen des Vereins im Landesarchiv Schleswig-Holstein (LAS), andererseits stellte die Zeitschrift der Schleswig-Holsteinischen Geschichtsgesellschaft eine wichtige und umfangreiche Quellenbasis dar. Für die Zeit der Weimarer Republik ist die Aktenlage nicht sehr erschöpfend, aber sie stellt sich doch umfangreicher dar als für die Zeit des Nationalsozialismus. Wahrscheinlich trifft die oben erwähnte Vermutung Kloses auf den größten Teil der Akten der Gesellschaft zu. Fast alle wurden beim Brand des Kieler Schlosses im Jahr 1944 vernichtet.[31] Einige konnten jedoch gerettet werden, andere wiederum wurden möglicherweise bei Kriegsende mit Absicht vernichtet, um weder den alliierten Besatzern in die Hände zu fallen oder auch um der Nachwelt nicht über alle Vorgänge in dieser Zeit Auskunft zu geben. In den noch vorhandenen Beständen findet sich jedoch noch einige geschäftliche Korrespondenz des Sekretärs, Notizen zu den Sitzungen des Redaktionsausschusses bis 1929, Unterlagen zu einzelnen Veranstaltungen oder Projekten sowie das Protokollbuch zu den Mitgliederversammlungen, in welchem allerdings nur die Sitzungen bis 1931 verzeichnet sind. Als hilfreicher erwiesen sich die Jahresberichte, die im Anhang der Zeitschrift zu finden sind. Sie ergänzen die nicht sehr umfangreiche Aktenlage, sodass sich die Geschichte der GSHG insgesamt gut nachvollziehen lässt.

---

31 Vgl. Klose: 125 Jahre, S. 4.

2. Die Gesellschaft für Schleswig-Holsteinische Geschichte bis 1918

Um das Selbstverständnis des schleswig-holsteinischen Geschichtsvereins darzustellen und damit die Traditionen zu skizzieren, auf die sich die Mitglieder der Gesellschaft berufen haben und die somit die Arbeit der hier behandelten Jahre beeinflusst hat, soll zunächst ein einleitender Überblick über die Gründungsjahre gegeben werden. Gerade vor dem Hintergrund der Schwierigkeiten der Gesellschaft bei der eigenen Positionierung in den wechselnden Regierungssystemen in der ersten Hälfte des 20. Jahrhunderts, aber auch im Hinblick auf die Hundertjahrfeier des historischen Vereins im Jahr 1933, im Rahmen derer die „Verdienste" der Vergangenheit gefeiert wurden, stellen die „großen Männer" der Vereinsgeschichte wie Nikolaus Falck und Georg Waitz, eine Konstante. Daher sollte ein einführender Überblick über die Geschichte des Vereins den Blick und das Verständnis für die späteren Jahre schärfen.

Der eigentliche Untersuchungszeitraum beginnt im letzten Jahr des Ersten Weltkriegs, so dass wie bereits erwähnt, die Gesellschaft in der Situation eines politischen Umbruchs geschildert wird. Um die Veränderungen und Kontinuitäten deutlicher zu machen, die sich für die Gesellschaft 1919 ergaben, wird jedoch ein kurzer Einblick in die Arbeit des Geschichtsvereins in den letzten Jahren des Kaiserreichs gewährt.

2.1 Gründung und Bewahrung – Die Gesellschaft im 19. Jahrhundert

In den ersten Jahrzehnten des 19. Jahrhunderts entstanden in ganz Europa Geschichts- und Altertumsvereine.[32] Geschichtsinteressierte, vor allem „Männer von Bildung und Vermögen"[33] aus einer Region kamen zusammen, um gemeinsam historische Schriften und Quellen „zu sammeln und zu bewahren, und auf ihrer Grundlage die Ereignisse und Zustände der zurückliegenden Jahrhunderte zu erforschen und in weiteren Kreisen das Interesse an der heimatlichen Geschichte zu erwecken"[34].

Das Vereinswesen, in dessen Tradition auch der Schleswig-Holsteinische Verein steht, geht zunächst auf Ideen der Aufklärung zurück. In diesem Sinne wurden die Vereine als Institutionen angesehen, in denen die angestrebte „gegenseitige Belehrung und Bildung als Weg zur menschlichen Vervollkommnung, [und zur] Veränderung

---

32   Vgl. Klaus Neitmann: Geschichtsvereine und historische Kommissionen als Organisationsformen der Landesgeschichtsforschung, dargestellt am Beispiel der preußischen Provinz Brandenburg, in: Wolfgang Neugebauer (Hg.): Das Thema „Preußen" in Wissenschaft und Wissenschaftspolitik des 19. und 20. Jahrhunderts, Berlin 2006, S. 115-182, hier S. 117; Vgl. Gabriele B. Clemens: Stein und die Anfänge der Historischen Vereine, in: Heinz Durchhardt (Hg.): Stein. Die späten Jahre des preußischen Reformers. 1915 – 1831, Göttingen 2007, S. 39-58, hier: S. 39.
33   Ebd.
34   Neitmann: Geschichtsvereine und historische Kommissionen, S. 117

und Verbesserung gesellschaftlicher Zustände"[35] angestrebt wurde. Andererseits ging das Interesse an der „vaterländischen" Geschichte in Schleswig-Holstein einher mit dem sich ebenfalls in ganz Europa verbreitenden Nationalismus im Sinne des Selbstbestimmungsrechts der Völker. Der Nationalismusgedanke, wie er sich im Falle Schleswig-Holsteins zu dieser Zeit äußerte, kannte zwei Ausprägungen: Einerseits ist er kleinstaatlich im Sinne eines unabhängigen vereinten Schleswig-Holsteins konnotiert, andererseits war in manchen Kreisen der nationalstaatliche Gedanken im Sinne eines vereinigten Deutschlands schon präsent.[36]

Ausdruck fand dieses Konglomerat aus geistigen Strömungen unter anderem in der Gründung von historischen Vereinen, die zu einem lokalen und regionalen Ort „politisch-nationale[n] Agieren[s]"[37] wurden. So lässt sich auch die Initiative zu der Gründung der Gesellschaft für Schleswig-Holsteinische Geschichte in von diesen Ideen geprägten Kreisen einordnen. Ein Vertreter der liberal-nationalen Idee war in Schleswig-Holstein beispielsweise Christoph Friedrich Dahlmann, durch dessen Ruf auf den Lehrstuhl für Geschichtswissenschaft an der Christian-Albrechts-Universität zu Kiel laut Christian Degn eine neue Epoche eingeläutet wurde, in der die Parole „nicht mehr Weltbürgertum, sondern Nationalstaat"[38] gelautet hätte.

Auch die Gründung des Schleswig-Holsteinischen Geschichtsvereins dürfte ein Ergebnis dieses Wandels sein, denn die geistige Urheberschaft der Gesellschaft wird sowohl Dahlmann als auch dem Rechtswissenschaftler Nikolaus Falck zugeschrieben. Beide erhielten zu Beginn des 19. Jahrhunderts den Ruf an die Christian-Albrechts-Universität zu Kiel und vertraten hier den Ansatz einer „politisch-gegenwartswirksame[n] Geschichtswissenschaft, die die Forderungen der deutschen Schleswig-Holstein-Bewegung in der Verfassungsfrage unterstützen sollte"[39], sich konkret also auf die staatsrechtliche Stellung der Herzogtümer zum Dänischen Reich bezog.[40] Im Sinne des aufkommenden „Schleswig-Holsteinismus"[41] sollte die Wissenschaft sich an

---

35 Klaus Pabst: Historische Vereine und Kommissionen in Deutschland bis 1914, in: Ferdinand Seibt (Hg.): Vereinswesen und Geschichtspflege in den böhmischen Ländern, München 1986, S. 13-38.

36 Vgl. zu dem Nationalismus in den Geschichtsvereinen des 19. Jahrhunderts: Gabriele Clemens: Regionaler Nationalismus in den Historischen Vereinen des 19. Jahrhunderts?, in: WF 52 (2002), S. 134.

37 Alexa Geisthövel: Eigentümlichkeit und Macht. Deutscher Nationalismus 1830-1851. Der Fall Schleswig-Holstein, Wiesbaden 2003, S. 21.

38 Christian Degn: Geschichtsschreibung in Schleswig-Holstein, Ausdruck ihrer Zeit, in: ZSHG 109 (1984), S. 26.

39 Georg Kunz: Verortete Geschichte. Regionales Geschichtsbewußtsein in den deutschen historischen Vereinen des 19. Jahrhunderts, Göttingen 2000, S. 279.

40 In diesem Sinne hatte Dahlmann bereits in seiner Funktion als Sekretär der Fortwährenden Deputation der schleswig-holsteinischen Ritterschaft gewirkt, als er die in den ritterlichen Privilegien festgehaltene Verfügung des Ripener Freiheitsprivilegs von 1460, „dat se blieven ewich tosamende ungedelt" publik machte, „die dann in der kompromittierenden Formulierung ‚up ewig ungedelt' zum weithin bekannten Schlagwort der schleswig-holsteinischen Bewegung werden sollte". Ebd.

41 Degn: Geschichtsschreibung in Schleswig-Holstein, S. 28f. Degn beschreibt hier, dass die Professorenschaft der Universität Kiel, namentlich Dahlmann, Michelsen und Waitz in den 50 Jah-

der Geschichte bedienen, um „den verfassungshistorischen Zusammenhang der Herzogtümer Schleswig und Holstein und ihren politischen Sonderstatus im Rahmen der dänischen Monarchie zu betonen"[42]. Erklärtes Ziel war es, eine „historisch-rechtliche Grundlage [für] eine zeitgemäß fortentwickelte freiheitlich-ständische Verfassung"[43] der Herzogtümer zu schaffen.

Falck, der in Nordschleswig geboren und aufgewachsen war, hatte seit 1815 an der Kieler Universität die Professur „der juristischen Encyklopädie, des deutschen Rechts, des Kirchenrechts [und] des schleswig-holsteinischen Partikularrechts"[44] inne. Schon 1816 führte Falck in seiner Schrift: „Das Herzogthum Schleswig in seinem gegenwärtigen Verhältniß zu dem Königreich und zu dem Herzogthum Holstein" aus, dass Schleswig ebenso wie Holstein keine Provinz des Königreichs Dänemark sei und sich nicht dem dänischen Königsgesetz zu unterwerfen habe, dass Schleswig aber den Anspruch auf eine Verbindung mit dem Herzogtum Holstein habe und damit auch auf eine ständische Verfassung.[45] Es war den beiden Professoren und ihren Mitstreitern daran gelegen, dass dieser Anspruch, den Falck in seiner Abhandlung von 1816 für Schleswig formulierte und staatsrechtlich begründete, durch historische Quellen belegt würde. Es ging ihnen darum, „durch die wissenschaftliche Beschäftigung mit der Geschichte der Herzogtümer die historischen Fundamente freizulegen, auf denen der erstrebte freiheitliche Verfassungsstaat errichtet werden sollte"[46]. Die Geschichtsschreibung dieser Männer war folglich „politischen, liberalen und nationalen Ziel[en]" verschrieben „und von der damals historischen Rechtsschule"[47] beeinflusst.

Um die historische Forschung zu den Herzogtümern Schleswig, Holstein und Lauenburg in diesem Sinne anzuregen, stellte Dahlmann daraufhin im Jahre 1821 in dem von Falck herausgegebenen „Staatsbürgerlichen Magazin" eine Preisaufgabe. Für die Abfassung einer schleswig-holsteinischen Geschichte ab 1523 wurde ein Preisgeld von 200 Spezies ausgesetzt.[48] Die Aufgabe machte auf die defizitäre Forschungslage aufmerksam, denn es wurde deutlich, dass kaum kritische Quelleneditionen zu der Geschichte der Herzogtümer vorlagen.[49] Dies brachte die an dem „Dahlmannschen Pro-

---

ren zwischen 1814 und 1864 „Vorkämpfer und Wegbereiter des sog. ‚Schleswig-Holsteinismus'" gewesen seien und dadurch die Geschichtsschreibung in dieser Weise geprägt hätten.

42 Kunz: Verortete Geschichte, S. 277.
43 Reimar Hansen: Dahlmann, Friedrich Christoph, in: Schleswig-Holsteinisches Biographisches Lexikon, Bd. 4, Neumünster 1976, S. 47.
44 Andreas L. Michelsen: Falck, Nikolaus, in: ADB, Bd. 6, Berlin 1968 (Neudruck der 1. Auflage von 1877), S. 539-543, hier: S. 539.
45 Vgl. ebd., S. 540f.
46 Hansen: Dahlmann, S. 47.
47 Degn: Geschichtsschreibung in Schleswig-Holstein, S. 27.
48 Vgl. zu der von Dahlmann gestellten Preisaufgabe: Pauls: Hundert Jahre, S. 14ff., sowie Kunz: Verortete Geschichte, S. 279.
49 Die einzige Schrift, die eingereicht wurde, entsprach nicht den Erwartungen und so wurde der Abhandlung des Herrn Advokaten Forchhammer von dem Komitee nur der zweite Preis zuerkannt. Vgl. Andreas L. Michelsen/ Jakob Asmussen: Vorbericht der Redaction über die Stiftung und bisherige Wirksamkeit der Schleswig-Holstein-Lauenburgischen Gesellschaft für vaterländische Geschichte, in: ASKHSHL 1 (1833), H.1, S. III-XIX, hier: S. IV.

jekt Beteiligten"[50] zu der Überzeugung, dass ein Geschichtsverein für die Sammlung und Aufbereitung der historischen Quellen notwendig sei, denn nur durch diesen könne „die Kenntniß der ehemaligen Zustände und Begebenheiten viel genauer und vollständiger, als es für den einzelnen Forscher möglich ist, gefördert werden"[51], so Michelsen und Asmussen in ihrem Vorwort zu dem ersten Band der Vereinszeitschrift.

Die Gründung des Schleswig-Holsteinischen Geschichtsvereins ist, wie die oben dargestellten Anschauungen der Gründerväter zeigen, nicht auf ein „romantisches Mittelalterverständnis und die große, schwärmerische Bewunderung für die Antike"[52] zurückzuführen, wie Clemens es für andere Geschichts- und Altertumsvereine feststellt. Im Vordergrund stand eher der Gedanke daran, Vergangenes zu erforschen und für die Gegenwart im Sinne der eigenen Ideale politisch nutzbar zu machen. Schütte stellt dazu fest, dass der für „den liberalen Verfassungsstaat begründende Zusammenhang zwischen Liberalismus und Nationalismus" gerade in der schleswig-holsteinischen Landesgeschichte „eine große Tradition hatte"[53]. Pointiert formuliert bedeutet dies, dass es letztlich diese Denkart war, also die „Nationalisierung historisch-politischen Denkens"[54] und der daraus resultierenden empfundenen Unstimmigkeit der Grenzziehung der dänischen Monarchie, die zu der Gründung des landesgeschichtlichen Vereins in Schleswig, Holstein und Lauenburg führte. Kunz führt drei Faktoren an, die die Entstehung von regionalen Geschichtsvereinen gefördert haben. Von diesen trifft für den schleswig-holsteinischen Verein die als konstituierend wirkende „affektive Zuwendung zur Geschichte eines lokalen und regionalen Gebietes aus autochthonen Motiven"[55] zu, aber auch, wie bereits angedeutet, das aufkeimende „deutsche Nationalbewußtsein" beeinflusst durch ein regionalisiertes Nationalismuskonzept.[56]

Allerdings enthalten, im Gegensatz zu den politischen Bestrebungen, die den Gründern der Gesellschaft durchaus zugesprochen werden kann, sowohl die Berichte der Gründer, als auch die Zeugnisse des Gründungsvorgangs kaum politische Implikationen. Hier zeigt sich die Gesellschaft sehr zurückhaltend, ganz im Sinne dessen, wofür eine Geschichtsgesellschaft den Mächtigen dieser Zeit galt. Denn historische Vereinigungen, deren Betätigung sich häufig auf die bloße Sammlungs- und „Grabungstätigkeit" beschränkte, standen in dem Ruf, zu einer „ ‚politischen Verharmlosung' der Geschichte"[57] beizutragen und waren so den Regierungen der Restaurationszeit sehr willkommen im Unterschied zu den Turn- und Gesangvereinen, denen ein demokratischer oder auch liberaler Impetus anhing.[58]

---

50 Kunz: Verortete Geschichte, S. 279. Dahlmann selbst, war schon 1829 dem Ruf an die Universität Göttingen gefolgt. Er war also an der tatsächlichen Konstituierung des Vereins nicht beteiligt.
51 Michelsen/ Asmussen: Vorbericht der Redaction, S. IIIf.
52 Clemens: Stein, S. 39.
53 Hans-Friedrich Schütte: Landesgeschichte im ideologischen Wandel – Einige Betrachtungen zu den methodischen Fragen, in: ZSHG 108 (1983), S. 11-50, hier: S. 27.
54 Kunz: Verortete Geschichte, S. 278.
55 Ebd., S. 58.
56 Ebd.
57 Pabst: Historische Vereine und Kommissionen, S. 25.
58 Vgl. ebd.

Auf diese Art präsentierte sich auch die Gründungsversammlung des Vereins, die am 25. Jahrestag des Regierungsantritts des amtierenden dänischen Königs Friedrich VI. einberufen wurde. Es war ihnen, wie Michelsen und Asmussen darlegen, ein Anliegen, „den Tag, an welchem unser Landesvater, Friedrich VI., vor 25 Jahren den Thron bestieg, durch Stiftung eines für die Geschichte der Herzogthümer thätigen Vereins auszuzeichnen"[59]. Dies scheint zunächst bei der bisher skizzierten Grundhaltung der Gründerväter des Vereins zu überraschen, doch wie Kunz herausgearbeitet hat, macht diese Ehrerbietung das Ersuchen einer Anerkennung durch die dänische Monarchie deutlich und zeigt somit, dass es im Schleswig-Holsteinischen Geschichtsverein in dieser Zeit nicht das Ziel war, sich vollständig von der dänischen Monarchie abzulösen.[60] Letztlich ging es lediglich um die „Durchsetzung der historisch begründeten Sonderrechte der beiden Herzogtümer im Rahmen des dänischen Staates"[61]. Diese Annahme wird dadurch gestützt, dass die Vereinsmitglieder auf einer weiteren Versammlung am 3. April 1833 den Beschluss fassten, ein „Gesuch an Se. Königliche Majestät um Übernahme des *Protectorats* der Gesellschaft"[62] zu senden und gleichzeitig seinen Sohn, den Kronprinzen Christian Friedrich zu Dänemark, zum Ehrenmitglied zu ernennen.[63] Die Gründer fühlten sich dem Schleswig-Holsteinismus, also dem Bemühen um die Verbindung zwischen den Herzogtümer bei gleichzeitiger Eigenständigkeit gegenüber dem Dänischen Reich, verbunden, dennoch erstrebten sich nicht die völlige Lösung von der dänischen Monarchie und wollten daher ihre Loyalität gegenüber dem König unter Beweist stellen.[64]

Auf der Gründungsversammlung wurde Falck zum Präsidenten der Gesellschaft gewählt und Jakob Asmussen wurde zunächst zum Sekretär der Gesellschaft ernannt. Der Nachfolger Dahlmanns auf dem Lehrstuhl für Geschichte an der Universität Kiel, Andreas Ludwig Jacob Michelsen, der ebenfalls zu den Initiatoren der Geschichtsgesellschaft gehörte, übernahm ab der ersten Hauptversammlung am 4. Juli die Position des Schriftführers und zeigte sich zunächst als die „bestimmende Persönlichkeit" des Vereins.[65] Innerhalb der Gesellschaft hatte der Sekretär oder Schriftführer die Position inne, welche die höchsten Einflussmöglichkeiten im Hinblick auf die wissenschaftliche Arbeit und die Publikationen der Gesellschaft besaß und somit am meisten Handhabe darüber hatte, welche Geschichtsbilder nach außen transportiert wurden.[66] Obwohl es in der Tätigkeitsbeschreibung des Schriftführers in den 1833 festgelegten Statuten lediglich hieß, dass dieser die Schreibarbeiten für den Vorstand durchzuführen

---

59 Michelsen/ Asmussen: Vorbericht der Redaction, S. VII.
60 Vgl. Kunz: Verortete Geschichte, S. 281.
61 Ebd.
62 Michelsen/Asmussen: Vorbericht der Redaction, S. XI.
63 Ebd.
64 Dies wird in der Differenz zwischen der provisorischen Satzung und der endgültigen Fassung vom 4. Juli 1833 deutlich. Während in der provisorischen Satzung im §2 die Herzogtümer noch mit Schleswig-Holstein bezeichnet werden, wird diese Formulierung in der endgültigen Satzung zugunsten der regierungstreuen Schreibweise „Schleswig und Holstein" aufgegeben. Die Versammlung beugte sich also der regierungstreuen Sichtweise des Verhältnisses der Herzogtümer zueinander.
65 Kunz: Verortete Geschichte, S. 281f.
66 Vgl. Michelsen/ Asmussen: Vorbericht der Redaction, S. IX.

habe, „bei Zusammenkünften das Protokoll führt und das Archiv [...] bewahrt"[67]. Michelsen wurde aber laut Pauls „nicht in seiner Stellung als Sekretär, sondern wegen seiner wissenschaftlichen Qualifikation" in die für die Vereinsarbeit wichtigsten Kommissionen gewählt: in die Kommissionen für die Urkundensammlung und die Herausgabe der Zeitschrift.[68] Durch diese Vereinigung der wichtigsten Funktionen in einer Person, war Michelsen von „ausschlaggebender Bedeutung"[69] für die ersten Jahre der Gesellschaft und wird deshalb von Pauls als „die Seele der Gesellschaft"[70] bezeichnet. Die Bedeutung des Sekretärs für den Geschichtsverein hat sich über die gesamte Zeit erhalten und somit deutet Pauls Michelsens Amtszeit als Anstoß für diese Entwicklung. Es sei so „eine Tradition geschaffen [worden], die in der Zukunft nicht wieder verloren"[71] gegangen sei. So zeigt der Aufbau des Berichts Pauls über die ersten hundert Jahre der Gesellschaft, wie weit die Arbeit des Vereins mit dem Amt des Schriftführers zusammenhängt. Denn seine Darstellung gliedert sich nach den 16 Sekretariaten der ersten hundert Jahre, womit er seiner eigenen Position eine besondere Wertigkeit verleiht. Als Ausblick auf den hier zu untersuchenden Zeitraum zeigt dies, wie wichtig die Betrachtung der Person Pauls als Schriftführer für die Geschehnisse zwischen 1921 und 1945 ist, da es ihm gelang das Sekretariat über 30 Jahre erfolgreich zu führen und sich in einer politisch wechselhaften Phase in dieser Position zu halten.

Eine weitere wichtige Komponente der Gründungsgeschichte ist die Zielsetzung, die die Gründungsväter dem Verein zugeschrieben haben. In §1 der Satzung vom 6. Juli 1833 wird der Zweck der gesellschaftlichen Tätigkeit festlegt. Diese soll sich nicht nur auf das Sammeln von geschichtlichem Quellenmaterial beschränken, sondern enthält vielmehr den Auftrag der „Erweiterung und Verbreitung vaterländischer Geschichtskunde"[72] durch die Sicherung und Veröffentlichung der überlieferten Quellen.[73] Damit zeigt sich der Einfluss, den Dahlmann und Falck auf die Gesellschaft hatten, durch die Bedeutung, die den historischen Originalen in den Statuten zukommt. Begründet wird der hohe Stellenwert der Originalquellen und der Verbreitung des daraus abgeleiteten historischen Wissens von Michelsen und Asmussen einerseits durch ein sehr lebensnahes Beispiel, andererseits mit einem Anklang an die als „falsch" empfundene dänische Deutung der Historie, denn sie weisen darauf hin,

„daß die historische Unkunde zu langwierigen, gerichtlichen Streitigkeiten, wie z.B. in Hadersleben über das Futterrind, zur Mißdeutung vaterländischer Institutionen und zu schiefen,

---

67 Vgl. Statute der Schleswig-Holstein-Lauenburgischen Gesellschaft für vaterländische Geschichte vom 6. Juli 1833, § 1, in: ASKHSHL 1 (1833), 1, S. XXXV.
68 Vgl. Pauls: Hundert Jahre, S. 29.
69 Ebd., S. 28.
70 Ebd., S. 29.
71 Ebd.
72 Statute der Schleswig-Holstein-Lauenburgischen Gesellschaft für vaterländische Geschichte vom 6. Juli 1833, S. XXXV.
73 Ebd. Der Verein hatte sich die Verpflichtung auferlegt: „a) für die Sammlung und Erhaltung vaterländischer Urkunden, Chroniken und ähnlicher Aufzeichnungen Sorge tragen; b) genaue Regesten über alle gedruckten und eine Sammlung von ungedruckten vaterländischen Urkunden veranstalten; c) Mittheilungen für vaterländische Staats- und Kirchengeschichte herausgeben".

beschränkten Urtheilen über den Stand der Dinge, selbst bei den hochstehenden Männern, geführt hat"[74].

Aus dieser Formulierung geht deutlich ein Weisungsauftrag hervor, diese „Mißdeutung" zu widerlegen. Zudem wird die Konkurrenzsituation deutlich, die sich Anfang des 19. Jahrhunderts um die Deutung des Geschichtsbildes im dänischen Staat und in den Herzogtümern entspann.

Die Gesellschaft konnte ihren Ansprüchen gerecht werden und schon im Laufe eines Jahres nach der Gründung die erste Urkundensammlung publizieren, die vor allem unter der Federführung Michelsens[75] mit dem Titel „Urkundenbuch zur Geschichte des Landes Dithmarschen"[76] erschien. Es gelang dem schleswig-holsteinischen Verein auch weiterhin, wenn auch mit zeitlich beträchtlichen Abständen, Urkunden- und Quellensammlungen herauszugeben, wie beispielsweise die auch über die Grenzen Schleswig-Holsteins bekannt gewordene Urkundensammlung von 1839.[77] Damit gesellte sich die Gesellschaft innerhalb der Landschaft der Geschichtsvereinigungen zu den Größeren und Bedeutenderen Vereinen, da nur diese die finanzielle aber auch fachliche Grundlage besaßen, um solche Projekte zu bestreiten,[78] denn Anfang des 19. Jahrhunderts waren gedruckte Urkundensammlungen eher selten.[79]

Der Verein schaffte es, sowohl getragen von der relativ sicheren finanziellen Basis als auch von den „professionellen" Historikern, der Universität Kiel, die sich in der Gesellschaft für Schleswig-Holsteinische Geschichte mit ihrem Wissen einbrachten, seine wissenschaftliche Arbeit über die Grenzen Schleswig-Holsteins hinaus bekannt zu machen. Dieser Status wurde vor allem dadurch bedingt, dass die Gesellschaft personell und institutionell in der Stadt Kiel angesiedelt war[80] und aus den Kreisen der Kieler Universitätsprofessoren heraus entstanden war und gespeist wurde. Aus dieser schon in der Gründung angelegten Verbindung resultierte eine anhaltend enge Beziehung des Vereins zur Landesuniversität und zur Landesbibliothek. So waren die Schriftführer der Gesellschaft seit 1833 hauptamtlich immer in der Universität, der Landesbibliothek oder dem Landesarchiv tätig und schafften so eine Verbindung zwischen diesen staatlichen Institutionen und der Geschichtsgesellschaft.[81]

---

74   Michelsen/ Asmussen: Vorbericht der Redaction, S. VI.
75   Vgl. Pauls: Hundert Jahre, S. 41ff.
76   Andreas Ludwig Jacob Michelsen (Hg.): Urkundenbuch zur Geschichte des Landes Dithmarschen, Altona 1834.
77   Urkundensammlung der Schleswig-Holstein-Lauenburgischen Gesellschaft für vaterländische Geschichte, Bd. 1, Kiel 1839.
78   Vgl. Kunz: Verortete Geschichte, S. 60.
79   Pabst: Historische Vereine und Kommissionen, S. 24.
80   Aus dem Mitgliederverzeichnis von 1915 geht hervor, dass 233 Mitglieder aus Kiel kommen, im Gegensatz dazu nur 41 aus Flensburg, Information aus: Mitgliederverzeichnis der Gesellschaft für Schleswig-Holsteinische Geschichte, in: Gesellschaft für Schleswig-Holsteinische Geschichte: Sammelband, o.O o.J.
81   Bei der Gesellschaft für Schleswig-Holsteinische Geschichte handelt es sich dementsprechend um einen der von Kunz so klassifizierten „Professorenvereine, die ein überdurchschnittlich hohes Maß an Professionalität und Forschungsniveau aufwiesen und personell und fachlich vom Potential der jeweiligen Universität stark profitierten"; Kunz: Verortete Geschichte, S. 69.

2.2 Von der schleswig-holsteinischen zur preußischen Geschichtsgesellschaft: Die vorrepublikanische Zeit

Zum Ende des 19. Jahrhunderts erweiterte die Gesellschaft ihr Programm. Mit der Satzungsänderung von 1898 wurde der Zweck der Gesellschaft um den erzieherischen Auftrag erweitert, der besagte, dass der Verein „im schleswig-holsteinischen Volke den Sinn für die Landesgeschichte zu stärken und durch entsprechende Schriften zu befriedigen"[82] habe. Diesem Anspruch wurde mit einer erweiterten Konzeption der Zeitschrift Rechnung getragen. Die Publikation, die ab diesem Jahr ihren endgültigen Namen „Zeitschrift der Gesellschaft für Schleswig-Holsteinische Geschichte" erhielt, womit der Verein eine Anpassung an den Namen der preußischen Provinz vornahm[83], bekam durch den neuen Schriftführer Rudolph Jacob Dietrich von Fischer-Benzon, welcher seit 1895 Leiter der Schleswig-Holsteinischen Landesbibliothek war, eine landeskundlichere Prägung.[84] Mit dieser breiteren Ausrichtung der Inhalte der wissenschaftlichen Aufsätze in der Zeitschrift reagierte die Gesellschaft auf die aufkommende Heimatbewegung, die sich laut Pauls als in „weiteren Kreisen des Landes wachsende[n] Sinn für die Geschichte der engeren und weiteren Heimat"[85] beschreiben lässt. Diese im ausgehenden 19. Jahrhundert entstandene Bewegung, die die Hinwendung zum Regionalen, Heimatlichen fördern wollte, ist laut Karl Ditt auf zwei Bezugspunkte zurückzuführen: Einerseits auf das wachsende Interesse an der Vergangenheit, ausgelöst durch die Reichsgründung 1971, die das Bedürfnis entfacht hatte, durch die historische Rückschau die Prozesse sichtbar zu machen, die zu der „deutschen Einheit und Stärke" geführt hatten.[86] Die Untersuchung der regionalen Räume wurde als Beitrag zum großen Ganzen betrachtet und hat laut Ditt kein „partikularistisches, sondern primär antiquarisches Interesse"[87]. Andererseits war die Heimatbewegung eine Reaktion auf die Moderne, die sich durch Industrialisierung und Urbanisierung auch in der Lebenswelt jedes Einzelnen bemerkbar machte. Dem Verlust des Gewohnten wurde mit dem Bedürfnis nach dem Erhalt der „materiellen Relikte der Vergangenheit" begegnet.[88]

Dennoch grenzte sich der Geschichtsverein in Schleswig-Holstein durch seine relativ wissenschaftliche und immer noch primär historische Ausrichtung bezogen auf die „landesgeschichtliche Forschung und Volkskunde" zu den Laienvereinen der Heimatbewegung ab, die laut Gollwitzer eher eine „kulturelle Erneuerungsbewegung" darstellten.[89]

---

82 Satzung der Gesellschaft vom 21. Februar 1898, in: Pauls: Hundert Jahre, S. 219.
83 Vgl. Kunz: Verortete Geschichte, S. 313.
84 Ebd.
85 Pauls: Hundert Jahre, S. 185.
86 Karl Ditt: Vom Heimatverein zur Heimatbewegung. Westfalen 1875-1915, in: WF 39 (1989), S. 232-255, hier: S. 232.
87 Ditt: Heimatbewegung, S. 232.
88 Ebd., S. 235.
89 Vgl. zur Abgrenzung der Historischen- und Altertumsvereinen von den Ende des 19. Jahrhunderts gegründeten Heimatvereinen Heinz Gollwitzer: Der kulturgeschichtliche Ort der Heimatbewegung gestern und heute, in: WF 27 (1975), S. 12-35, hier: S. 12.

Zu den Inhalten und damit zu der Relevanz, die die Gesellschaft bestimmten Themen zuschrieb, ist festzuhalten, dass den Ereignissen in Schleswig-Holstein in der ersten Hälfte des 19. Jahrhundert ein anhaltend breiter Raum in der Zeitschrift eingeräumt wurde. In der Zeitschrift lässt sich seit den 1880er Jahre zudem eine zunehmend preußen-freundliche Stimmung feststellen. Dies deckt sich mit dem Ergebnis, zu dem Jahnke kommt, wenn er für das ausgehende 19. Jahrhundert von einer „Borussifizierung"[90] des Geschichtsbewusstseins in Schleswig-Holstein spricht. Seit der als Schmach empfundenen Annexion der Herzogtümer durch Preußen habe sich spätestens seit den 1890er Jahren ein Wandel im schleswig-holsteinischen Geschichtsbewusstsein vollzogen, „bei dem die Elemente der eigenen Vergangenheit durch preußische ersetzt worden waren"[91]. Der liberale Gedanke, der letztlich die Bildung des Geschichtsvereins vorangetrieben hatte, trat im Deutschen Reich zurück, wie dies auch für die gesamte liberale Opposition in Deutschland zu beobachten ist,[92] obwohl sich in Schleswig-Holstein, „diesem im Allgemeinen für überwiegend konservativ gehaltenen Land[,] ein fester liberaler Kern erhielt"[93].

Zudem tauchten in den Artikeln der Zeitschrift häufig Beiträge auf, die die nationalen Gegensätze in Nordschleswig zum Gegenstand hatten. Kunz betont in seiner Untersuchung der Zeitschrift der Gesellschaft für diese Jahre nicht nur die „propreußische" Haltung, sondern weist darauf hin, dass jetzt sogar ein antidänischer Ton angeschlagen wird. Es wird versucht, preußisch-deutsche Germanisierungspolitik zu legitimieren,[94] indem die Überlegenheit der Deutschen betont wird.[95] Ein Beispiel dafür ist der von Kunz herangezogene Aufsatz Adlers „Die Volkssprache in dem Herzogthum Schleswig seit 1864". Adler konstatiert einen „seit Jahrhunderten geführten Kampf zwischen deutscher und dänischer Sprache, [...] welcher im Laufe der Zeit auch auf sprachlichem Gebiet einen Sieg des Deutschthums zur Folge haben wird."[96]

Sowohl unter Fischer-Benzon als auch unter seinem Nachfolger, dem Historiker Felix Rachfahl wurde die schleswig-holsteinische Geschichte immer häufiger in einen internationalen Kontext gestellt, wobei der anschwellende „militante Nationalismus"[97] die Stimmung des „heraufziehenden bzw. bereits ausgebrochenen Krieg[s]"[98] zu erkennen gab. Dies änderte sich erst während des Krieges wieder, als der anti-preußische Paul von Hedemann-Heespen vorübergehend die Schriftleitung übernahm.

---

90 Vgl. Carsten Jahnke: Borussifizierung des schleswig-holsteinischen Geschichtsbewusstsein, 1866-1889, in: ZSHG 130 (2005), S. 161-190.
91 Ebd., S. 162.
92 Vgl. Oswald Hauser: Preußen und Schleswig-Holstein. Staatsgedanken und Landesbewusstsein (1866), in: Blätter für deutsche Landesgeschichte 121 (1985), S. 361-392, hier: S. 368.
93 Ebd.
94 Vgl. Kunz: Verortete Geschichte, S. 325.
95 Ebd., S. 309.
96 J.G.C. Adler: Die Volkssprache in dem Herzogthum Schleswig seit 1864, in: ZSHG 21 (1891), S. 3.
97 Kunz: Verortete Geschichte, S. 317.
98 Ebd.

3. Zwischen Anpassung und Revisionismus: Die Gesellschaft für Schleswig-Holsteinischen Geschichte in der Weimarer Republik

Während des ganzen Ersten Weltkriegs gelang es der Gesellschaft für Schleswig-Holsteinische Geschichte ihre publizistische Tätigkeit, wenn auch in eingeschränktem Rahmen, fortzusetzen und wenigstens jedes Jahr einen Band der Zeitschrift herauszubringen. Dennoch hinterließ der politische Umbruch, der auf die Kriegsniederlage und den Zusammenbruch des Kaiserreichs folgten, auch in dem schleswig-holsteinischen Geschichtsverein Spuren und sorgte für Kontroversen, Veränderungen und Neuerungen, wenngleich es auch jetzt gelang, die Arbeit kontinuierlich weiterzuführen. Anhand von vier übergeordneten Kategorien, der personellen, institutionellen, programmatischen und inhaltlichen Ebene, soll die Geschichte der Gesellschaft während dieser Zeit des politischen Umbruchs und der darauf folgenden Weimarer Republik behandelt werden und Entwicklungen, Tendenzen und Debatten skizziert werden.

3.1 Die personelle Grundlage – Die Schriftführer der Gesellschaft

Um einen Einblick in die personellen Strukturen der Gesellschaft seit 1918 zu geben, scheint es notwendig, zunächst die Protagonisten der publizistischen Tätigkeit des Vereins zu betrachten. Alle aktiven Mitglieder brachten nicht nur ihre wissenschaftliche Ausbildung und Erfahrung, sondern zum Teil auch ihre persönlichen Ansichten und Haltungen mit ein. Aus dem Zusammenspiel und den Konflikten der tragenden Persönlichkeiten innerhalb des historischen Vereins lässt sich ein erster Eindruck der Gesellschaft für Schleswig-Holsteinische Geschichte in der Zeit der Weimarer Republik vermitteln.

Die erste Person, die in den Fokus der Betrachtung gestellt wird, ist Paul von Hedemann-Heespen. Er hielt die Vereinsarbeit während des Ersten Weltkriegs aufrecht und sorgte dafür, dass die Zeitschrift bis 1920 fast durchgängig erscheinen konnte. Zudem legte er den Grundstein für die Debatten, die sich in den 1920er Jahren entzündeten, getragen von dem Zusammenbruch des Kaiserreichs und den daraus resultierenden tagespolitischen Fragen zur Stellung Schleswig-Holsteins zum Deutschen Reich. Des Weiteren wird die Person Arnold Oskar Meyers, Schriftführer der Gesellschaft zwischen 1915 und 1921 skizziert. Eine eingehende Betrachtung kommt Volquart Pauls zu, der das Amt 1921 übernahm und diese Position bis 1951 inne hatte und damit die Gesellschaft in den zu untersuchenden 28 Jahren am stärksten prägte.

3.1.1 Paul von Hedemann-Heespen

Im Ersten Weltkrieg hatte die Gesellschaft ihre Tätigkeit beschränken müssen. Paul von Hedemann-Heespen, der den Posten des Schriftführers „nach dem Weggang [...]

Felix Rachfahl[s]"[99] zwischen 1914 und 1915 stellvertretend übernommen hatte, sprang auch in den Kriegsjahren 1915/16 wieder ein, als der eigentliche Schriftführer und Universitätsprofessor Arnold Oskar Meyer zum Kriegsdienst einberufen wurde. In seiner Beurteilung der Kriegsjahre schreibt Pauls 1933 über Hedemann-Heespen, dass dieser „sich während der ganzen Kriegszeit mit besonderer Energie seinen landesgeschichtlichen Forschungen und der Arbeit für die Gesellschaft widmete und namhafte Beiträge für die Fortführung der Arbeiten stiftete"[100]. Dies deutet die Rolle an, die der Gutsbesitzer Paul von Hedemann-Heespen in den Jahren zwischen 1914 und 1918 innerhalb des Geschichtsvereins einnahm und die sich nach 1918 zunehmend veränderte. Denn mit seiner politischen Einstellung, die er zunehmend durch seine Schriften in die Öffentlichkeit trug, wirkte er in der Nachkriegszeit polarisierend. Zunächst einmal hatte der schleswig-holsteinische Geschichtsverein diesem Mann jedoch zu verdanken, dass die Arbeit der Gesellschaft, vor allem die publizistische Tätigkeit in Bezug auf die Herausgabe der Zeitschrift, auch in den Kriegsjahren ohne größere Ausfälle fortgeführt werden konnte.[101] Hedemann-Heespen übernahm nicht nur die redaktionelle Verantwortung für die Zeitschrift der Gesellschaft, sondern unterstützte den Verein auch finanziell. So ließ er der Gesellschaft während des Krieges insgesamt drei Schenkungen zukommen. 1916 10000 Mark[102], im darauf folgenden Jahr 8000 und 1918/19 5000 Mark.[103]

Seiner engagierten Mitwirkung im schleswig-holsteinischen Geschichtsverein, gedachte Arnold Oskar Meyer in seinem Artikel über die Geschichtsgesellschaft in der Korrespondenz „Nordschleswig" 1933. Hier verweist er auf die „wertvolle[n] Dienste", die „einer der kenntnis- und geistreichsten unserer Landesgeschichtsforscher, der Gutsbesitzer Paul v. Hedemann-Heespen auf Deutsch-Nienhof, [...] damals durch rührige Mitarbeit der Gesellschaft"[104] geleistet habe. Damit lässt er die Auseinandersetzungen zwischen der Gesellschaft und Hedemann-Heespen zu Beginn der 1920er Jahre, die dazu führten, dass Paul von Hedemann-Heespen aus dem Vorstand ausschied und von da an dem Verein feindselig gegenüberstand, in seiner Darstellung in den Hintergrund treten.

Paul von Hedemann-Heespen zeigt sich also zunächst als aktives Mitglied des historischen Vereins. Das Engagement, sowohl der persönliche Einsatz als auch die Bereitstellung der finanziellen Mittel für die publizistische Tätigkeit, sind Ausdruck des großen Interesses, das er der regionalgeschichtlichen Forschung im Allgemeinen und der GSHG im Besonderen entgegenbrachte. Um also den Bruch zwischen ihm und der

---

99 Pauls: Hundert Jahre, S. 194.
100 Ebd.
101 Trotz der Kriegsjahre konnte die Gesellschaft ohne Unterbrechungen jedes Jahr einen Band der Zeitschrift herausbringen, da Hedemann-Heespen sich der publizistischen Aufgabe angenommen hatte.
102 Kassenbericht für 1917, in: ZSHG 48 (1918), S. 390.
103 LAS Abt. 397, Nr. 146, Akten betr. die Schenkung des Regierungsrats von Hedemann-Heespen in Deutsch-Nienhof.
104 Arnold Oskar Meyer: Korrespondenz „Nordschleswig"/ Flensburg, 9. Februar 1933. Ein Vorabdruck dieses Artikels ist in den Akten der Gesellschaft für Schleswig-Holsteinische Geschichte im Landesarchiv Schleswig zu finden: LAS Abt. 397, Nr. 52.

Gesellschaft angemessen verdeutlichen zu können,[105] ist es notwendig, an dieser Stelle die Person Hedemann-Heespens und seine politische Einstellung ein wenig näher in den Blick zu nehmen.

Neben der hauptamtlichen Tätigkeit als Verwalter der Familiengüter[106] war Hedemann-Heespens größtes Interesse auf die Erforschung der Geschichte Schleswig-Holsteins gerichtet.

„Die Beschäftigung mit der schleswig-holsteinischen Landesgeschichte […] war für ihn als unzünftigen Gelehrten nicht nur ein wissenschaftliches, sondern auch politisches Anliegen."[107] Vor allem seine Kritik an der „preußischen Annexion" beziehungsweise Herrschaft über die Herzogtümer Schleswig und Holstein brachte er in verschiedenen Schriften wiederholt zum Ausdruck. Bernd Kreklau gibt in seiner Dissertation „Paul von Hedemann-Heespens öffentliche Preussenkritik" einen Überblick über verschiedene Versuche, Hedemann-Heespens kritische Einstellung zu Preußen zu kontextualisieren.[108] Dabei kommt er zu dem Ergebnis, dass die Haltung Hedemann-Heespens auf die Denkart eines schleswig-holsteinischen Landadeligen zurückzuführen sei, „der leidenschaftlich an ehemaligen adligen Rechten hing"[109]. Laut Kunz ist dies entgegen Kreklaus Meinung jedoch definitiv verknüpft mit einer „agrarromantische[n] und demokratiefeindlichen Ideologie"[110]. Seine Feindseligkeit gegenüber dem Staat sei aber keineswegs als allumfassende Kulturkritik zu verstehen, sondern basiere grundsätzlich auf der Kritik an dem „staatlichen Abbau alter adliger Rechte"[111]. „Der Adelsstandpunkt Hedemann-Heespens und seine aus ihm resultierende Preußenkritik"[112] sei laut Kreklau nicht nur ein Teil, sondern der Kern seiner Persönlichkeit.[113] Die republikanischen Entwicklungen nach dem Ersten Weltkrieg mussten also bei einem derart geprägten Mann zu Ablehnung führen, die er auch wiederholt öffentlich verbreitete.[114]

In seiner Rolle als Redakteur der Zeitschrift der Gesellschaft brachte Hedemann-Heespen seit dem Krieg auch in den Schriften, die von der Gesellschaft herausgegeben

---

105 Auf die tatsächliche Auseinandersetzung zwischen dem Vorstand und Paul von Hedemann-Heespen soll im Kapitel 3.3 Programmatische Konflikte näher eingegangen werden.
106 Paul von Hedemann-Heespen (1869-1937) studierte zunächst Rechtswissenschaften. Nach zwei Jahren Dienst als Regierungsassessor an verschiedenen Orten in Deutschland nahm er das Studium der Landwirtschaft auf und trat 1906 für zwei Jahre die Stelle als Regierungsrat des Polizeipräsidiums in Kiel an und damit in den Staatsdienst ein. Ab 1908 widmete er sich dann allerdings dem ererbten Familienbesitz und bewirtschaftete bis zum seinem Tod im Jahr 1937 die Güter Deutsch-Nienhof und Pohlsee. Vgl. Wilhelm Klüver: Hedemann-Heespen, Paul, in: Schleswig-Holsteinisches Biographisches Lexikon, Bd. 3, Neumünster 1974, S. 143.
107 Ebd.
108 Bernd Kreklau: Paul von Hedemann-Heespens öffentliche Preußenkritik, Kiel 1986, S. 8.
109 Ebd., S. 335.
110 Kunz: Verortete Geschichte, S. 318.
111 Kreklau: Preußenkritik, S. 338.
112 Ebd., S. 344.
113 Vgl. ebd.
114 Vgl. hierzu verschiedene Zeitungsartikel, beispielsweise: „Das Programm der sieben Artikel. Ein Spiegel für die überlebten Programme sämtlicher Parteien", in: Kieler Zeitung, vom 11. Dezember 1918; „Die Zukunft Schleswig-Holsteins", in: Kieler Zeitung, vom 12. April 1919.

wurden, sein „antipreußisches regionales Schleswig-Holstein-Bewußtsein"[115] zum Ausdruck. Durch diese Nutzung des Vereinsorgans als Forum für die Verbreitung des eigenen politischen Standpunkts, der vor allem auch die „Forderung nach Loslösung bzw. Autonomie von Preußen"[116] einschloss, wurde Hedemann-Heespen für den Verein untragbar.

3.1.2 Arnold Oskar Meyer

Das Ausscheiden Hedemann-Heespens aus dem Vorstand beendete zunächst die Auseinandersetzungen um die politisch-programmatische Ausrichtung der Zeitschrift. Dadurch wurden auch die „Kompetenzstreitigkeiten" innerhalb des Schriftführeramtes beendet, welches sich Meyer und Hedemann-Heespen de facto seit 1916 geteilt hatten.

Arnold Oskar Meyer hatte zugleich mit dem Lehrstuhl für neuere Geschichte an der Universität Kiel auch die Nachfolge Felix Rachfahls[117] im Amt des Schriftführers der Gesellschaft im April 1915 übernommen.[118] Aufgrund eines einjährigen Kriegseinsatzes konnte er die Funktion jedoch erst 1916 ausfüllen. Nach seiner Rückkehr hatte er Paul von Hedemann-Heespen als Dank für die Vertretung in den Jahren zuvor, die Aufgaben, die mit der Herausgabe der Zeitschrift in Zusammenhang standen, überlassen. Er selbst kümmerte sich neben den Geschäften und dem Schriftverkehr vor allem um die Herausgabe der „Quellen und Forschungen", die 1914 die Reihe „Quellensammlung der Gesellschaft für Schleswig-Holstein-Lauenburgische Geschichte" ersetzt hatten und ebenfalls in regelmäßigen Abständen erschienen.[119] Meyers Verdienst während seiner Jahre in der Gesellschaft wird vor allem in dem Bemühen um die Verlegung des Landesarchivs von Schleswig nach Kiel gesehen. Diese Pläne hatten schon vor dem Krieg bestanden, „[n]ach Beendigung des Krieges hat A. O. Meyer sie mit allem Nachdruck wieder aufgegriffen"[120]. Dies hebt auch Volquart Pauls in seinem geschichtlichen Abriss über die ersten hundert Jahre der Gesellschaft hervor, denn hier ist zu lesen:

> „Er [Paul von Hedemann-Heespen] hat sich ein bleibendes Verdienst um die landesgeschichtliche Forschung und damit um die Gesellschaft erworben, indem er in den letzten drei Jahren seines Schriftführeramtes (1918-1921) unermüdlich für den Gedanken einer Verlegung des Staatsarchivs von Schleswig nach Kiel gewirkt hat."[121]

Meyer, der die Gründung der Universitätsgesellschaft 1918 mit vorangetrieben hatte[122] und nun auch in dieser Vereinigung einen Posten im Vorstand bekleidete, hat

---

115 Kunz: Verortete Geschichte, S. 318.
116 Ebd., S. 320
117 Felix Rachfahl (1867-1925) war von 1908-1914 ord. Professor an der Universität Kiel. Er hatte das Amt des Schriftführers in diesen Jahren inne, bevor er 1914 einen Ruf an die Universität Freiburg erhielt. Vgl. Artikel: Rachfahl, Felix, in: DBE, Bd. 8, München 1998, S. 418.
118 Vgl. Pauls: Hundert Jahre, S. 194.
119 Ebd.
120 Ebd., S. 197.
121 Ebd.
122 Manfred Jessen-Klingenberg: Universität und Land. Geschichte der Schleswig-Holsteinischen Universitätsgesellschaft von 1918 bis 1968, Kiel 1971, S. 10.

in den zwei Jahren, bevor er seine Position als Schriftführer des Geschichtsvereins aufgab, jedoch nicht nur positive Erfahrungen in der Gesellschaft gemacht. Die von dem Schriftsteller Karl Strackerjahn losgetretene Agitation gegen von Hedemann-Heespen wandte sich schnell auch dem eigentlichen Schriftführer der Gesellschaft zu.[123] Dieser hatte versucht Hedemann-Heespen zu schützen beziehungsweise Verantwortung für dessen Aufsätze übernommen, obwohl er Hedemann-Heespens politische Einstellung nicht teilte.[124]

3.1.3 Volquart Pauls

Volquart Pauls, der von 1921 bis 1951 als Schriftführer des Geschichtsvereins amtierte, hat Inhalte, Themen sowie die Positionierung des Vereins innerhalb des öffentlichen Lebens Schleswig-Holsteins vorrangig geprägt. An dieser Stelle soll ein möglichst differenziertes Bild der Person Pauls gegeben werden, dass sowohl für die Zeit der Weimarer Republik als auch für die Zeit des Nationalsozialismus gelten soll. Dazu ist es notwendig, nicht nur einige biographische Daten zu präsentieren, sondern auch einen kurzen Überblick über seine wissenschaftlichen Arbeiten zu geben, ebenso derjenigen, die außerhalb der Publikationsorgane der Geschichtsgesellschaft erschienen sind.

Volquart Pauls wurde 1919 zum Direktor der Landesbibliothek berufen.[125] 1921 übernahm er den Posten des Sekretärs der Gesellschaft für Schleswig-Holsteinische Geschichte und verband ab diesem Zeitpunkt, wie schon Fischer-Benzon vor ihm, personell die Gesellschaft mit der Schleswig-Holsteinischen Landesbibliothek.[126] Pauls war gebürtiger Schleswig-Holsteiner und dies, wie aus dem Vorwort zu seiner Festschrift etwas pathetisch hervorgeht, „der Eros, die Liebe zur Heimat"[127], war sein „Antrieb", um sich in besonderem Maße für die landesgeschichtliche Forschung einzuset-

---

123 Zu den Auseinandersetzung zwischen Strackerjahn und dem Vorstand der Geschichtsgesellschaft, S. Kapitel 3.3.1.
124 In einem Brief reagiert Meyer auf die Vorwürfe Strackerjahns, der sich dahingehend äußert, dass Hedemann-Heespen in seinen Augen separatistische Propaganda betreibe. Der amtierende Schriftführer antwortet nun: „Erwidere ich auf Ihre gefällige Anfrage u. Mitteilung vom 3. d. Mts., dass die Verantwortung für die Veröffentlichungen der Gesellschaft für schleswig-holsteinische Geschichte bei einer aus drei Mitgliedern bestehenden Redaktionskommission liegt. Die Redaktionskommission setzte sich im vorigen Jahre aus den Herren Prof. Dr. A.O. Meyer, Archivrat Dr. Kupke und P. v. Hedemann-Heespen zusammen. [...] Diese Zusammensetzung dürfte hinreichende Bürgschaft dafür bieten, dass wissenschaftliche, nicht politische Rücksichten über die Auswahl des Stoffes entscheiden. Ihre Annahme, dass die Veröffentlichungen der Gesellschaft ‚selbstverständlich' nicht nur dem Geschichtsforscher, sondern auch dem praktischen Politiker dienen', ist daher nur insoweit zutreffend, als geschichtliche Erkenntnis überhaupt dem Politiker zustatten kommt, nicht aber in dem Sinne, dass irgend eine politische Richtung der Gegenwart die Veröffentlichungen der Gesellschaft zu Kundgebungen missbrauchen könnte." LAS 399.57, Nr. 4, Brief Meyers an Strackerjahn vom 8. Mai 1919.
125 Artikel: Pauls, Volquart, in: DBE, Bd. 7, München 1998, S. 579.
126 Pauls: Hundert Jahre, S. 199.
127 Fritz Hähnsen/ Alfred Kamphausen/ Harry Schmidt: Vorwort, in: dies. (Hg.): Aus Schleswig-Holsteins Geschichte und Gegenwart. Eine Aufsatzsammlung als Festschrift für Volquart Pauls, Neumünster 1950, o.S.

zen.¹²⁸ In seinen verschiedenen Funktionen: als Schriftführer der Geschichtsgesellschaft, als Direktor der Landesbibliothek, als Honorarprofessor für Landesgeschichte an der Universität Kiel und als Verfasser einer großen Zahl von landesgeschichtlichen Studien, konnte er die Erforschung Schleswig-Holsteins verstärkt mit vorantreiben.

Fast 30 Jahre lang führte Pauls die Geschäfte der Gesellschaft. Diese Position stellte ihn in den „Mittelpunkt der Gesellschaft und [machte] ihn verantwortlich für ihre Organisation sowie für ihre wissenschaftliche Tätigkeit, die zu seiner Zeit besonders fruchtbar gewesen ist"¹²⁹. Seine Amtszeit umfasste die Jahre der Weimarer Republik, die Jahre des Nationalsozialismus und setzte sich in der Nachkriegszeit und der neugegründeten Bundesrepublik fort. Als er im Dezember 1950 sein Amt niederlegte, tat er dies um sich ausschließlich der Herausgabe seines großen Projektes der „Geschichte Schleswig-Holsteins" widmen zu können.¹³⁰

In dem Vorwort der für Pauls verfassten Festschrift, konstatieren ihm enge Mitarbeiter und langjährige Mitstreiter auf dem Gebiet der schleswig-holsteinischen Landesgeschichtsschreibung, dass seine wissenschaftlichen Leistungen von einer „ausgeprägten Sachlichkeit und Objektivität" geprägt gewesen seien: „[s]ein Wirken war und ist ein Bekenntnis zur unabhängigen Sachlichkeit des Forschens"¹³¹, versichern Hähnsen, Kamphausen und Schmidt im Vorwort. Pauls verkörpere „die Sittlichkeit eines Geschichtsforschers, dessen Anliegen nicht die billige Gefälligkeit gegenüber Tageswünschen, sondern allein das Suchen der Wahrheit ist"¹³². Dieser Ruf würde ihm nicht nur im Kreis der deutschen Fachkollegen zukommen, sondern sei auch von dänischen Historikern anerkannt worden. Der dänische Geschichtsprofessor Troels Fink äußerte in diesem Sinne zu Pauls Einstellungen in Bezug auf die deutsch-dänischen Ansprüche auf Schleswig-Holstein, dass man auf der von ihm „gezogenen Linie [...] immer zusammenfinden könne"¹³³. Diese Anerkennung auch von Geschichtswissenschaftlern außerhalb Deutschlands mag wohl dazu beigetragen haben, dass Pauls in der Nachkriegszeit nicht dem Vorwurf ausgesetzt war, er habe sich politisch oder wissenschaftlich im Sinne der nationalsozialistischen Ideologie betätigt. So lehrte er bis 1947 an der Universität und konnte die Arbeit der Geschichtsgesellschaft bald nach dem Krieg wieder aufnehmen.¹³⁴

---

128 Schon durch sein Elternhaus wurde er im Sinne der Erhaltung der Schleswig-Holsteinischen Geschichte und Traditionen geprägt. So beschreibt Rolf Kuschert, einer seiner Schüler an der Universität Kiel in den Jahren 1946/47, dass Volquart Pauls „stolz darauf [gewesen sei], einer ‚Oprørsfamilie' zuzugehören." Die Erinnerung an die „althergebrachten und bewährten Ordnungen" der vorpreußischen Zeit sei durch Erzählungen in seiner Kindheit noch „lebendig" erhalten gewesen und habe ihn dazu angeregt, sein Leben den Studien dieses Landes zu widmen. Vgl. Rolf Kuschert: Professor Dr. Volquart Pauls. 23. Januar 1884 – 9. Mai 1954. Vortrag, gehalten in einer Feierstunde des Heimatbundes Landschaft Eiderstedt in Kating am 22. Januar 1984 (Heimatkundliche Schriften des Nordfriesischen Vereins 7), Husum 1984
129 Olaf Klose: Volquart Pauls, in: ZSHG 79 (1955), S. 9-16, hier: S. 9
130 Vgl. Olaf Klose: 125 Jahre, S. 15.
131 Hähnsen/ Kamphausen/ Schmidt: Vorwort, o.S.
132 Ebd.
133 Kuschert: Professor Dr. Volquart Pauls, S. 8.
134 Im Gegensatz zu Willy Hoppe, dem Vorsitzenden des Dachverbandes der deutschen Geschichts- und Altertumsvereine, dessen nationalsozialistische Ausrichtung nicht zu bestreiten war und der deshalb nach 1945 für den Verband nicht mehr tragbar war, musste Pauls seinen

Dennoch wirft Pauls Werdegang die Frage auf, wie es ihm gelang seine Karriere während des „Dritten Reichs" so erfolgreich weiter zu verfolgen, und es ihm dennoch gelingen konnte, seine wissenschaftliche Tätigkeit „sachlich und objektiv" zu halten und sich nicht dem nationalsozialistischen Regime anzudienen.

Umso dringender wird die Frage, wenn man seine doch enge Zusammenarbeit mit Vertretern der Schleswig-Holsteinischen Provinzialregierung beachtet. In engerer Verbindung stand er mit den Landeshauptleuten Schleswig-Holsteins Schow und Röer, die nacheinander seit 1935 Vorsitzende der Geschichtsgesellschaft waren. Zudem war er aber wahrscheinlich auch dem Gauleiter Hinrich Lohse bekannt, wie aus einem Brief an Hermann Hagenah hervor geht, in welchem Pauls darauf hinweist, dass Lohse ihm, zusätzlich zu seiner Position als Leiter der Landesbibliothek und als Sekretär der Gesellschaft, auch die wissenschaftliche Leitung des völkisch-nationalsozialistischen „Instituts für Volks- und Landesforschung" (IVL)[135] übertragen habe.[136] Bei der Beurteilung der Berufung Pauls zum Leiter des IVL ist jedoch zu bedenken, dass es gegen Ende des Krieges an wissenschaftlichem Personal mangelte, da viele jüngere Kollegen bereites eingezogen worden waren,[137] sodass neben einer möglichen politischen Verlässlichkeit, für die Berufung auch schlicht die Tatsache Ausschlag gebend gewesen sein könnte, dass es nach der Ernennung des vorherigen wissenschaftlichen Leiters des IVL, Otto Scheel, zum Präsidenten des „Deutschen Wissenschaftlichen Instituts" in Kopenhagen 1941 nur noch wenige geeignete Nachfolger gab.[138] Gleiches gilt auch für die Berufung an die Universität 1939.[139] Es muss also offen bleiben, ob die Not der Zeit ihm die Posten ermöglichte oder eine bekannte Parteitreue. Allerdings sind die Berufungen dieser Jahre definitiv als Zeichen dafür zu werten, dass Pauls sich mit den führenden Nationalsozialisten in Schleswig-Holstein wenigstens arrangierte.

Ein persönlicher Nachlass oder wenigstens persönliche Briefe und Äußerungen sind, soweit ersichtlich, nicht mehr vorhanden und nur selten findet sich Persönliches

---

Posten im schleswig-holsteinischen Geschichtsverein nicht aufgeben. Im Gegenteil schlug man ihn 1946 sogar als neuen Vorsitzenden des Gesamtvereins vor. Vgl. Klose: Volquart Pauls, S. 12.

135 Das Institut für Volks- und Landesforschung wurde 1938 von dem Oberpräsidenten und Gauleiter Lohse gegründet, der für die Ziele des Instituts festlegte, dass dessen Arbeit „gegenwartsnah" und „von dem Geist völkisch-politischer Wissenschaftspflege getragen sein" solle. Gottfried Ernst Hoffmann: Jahresbericht des Instituts für Volks- und Landesforschung an der Universität Kiel für das Jahr 1938, in: Festgabe zur ersten Jahrestagung des Instituts für Volks- und Landesforschung an der Universität Kiel, Neumünster 1939, S. 86. Hoffmann gibt mit diesem Wortlaut die von Lohse formulierte Zielsetzung für die Arbeit des IVL wieder.
136 LAS Abt. 397, Nr. 316, Pauls in einem Brief an Hermann Hagenah vom 22. Mai 1944.
137 Die Personalknappheit des IVL in der Kriegszeit wird beschrieben bei: Karen Diedrichsen Heide; Das Institut für Volks- und Landesforschung an der Universität Kiel. Ein Element nationalsozialistischer Kulturpolitik. Seine Vorläufer – seine Nachfolger, in: Kieler Blätter zur Volkskunde 25 (1993), S. 52f.
138 Zu Otto Scheel und dem „Deutschen Wissenschaftlichen Institut" Kopenhagen, vgl. Manfred Jakubowski-Tiessen: Kulturpolitik im besetzten Land. Das Deutsche Wissenschaftliche Institut in Kopenhagen 1941 bis 1945, in: ZfG 42 (1994), H. 2, S. 129-138 und auch: Eric Kurlander: Otto Scheel: National Liberal, Nordic Prophet, in: Ingo Haar/ Michael Fahlbusch (Hg.): German Scholars and Ethnic Cleansing. 1919-1945, New York/ Oxford 2006, S. 200-212.
139 Pauls wurde 1939 Honorarprofessor an der Universität Kiel. Vgl. Klose: Volquart Pauls, S. 16.

unter seiner Korrespondenz als Schriftführer der Geschichtsgesellschaft. Um trotzdem ein stimmiges Porträt Pauls zu schaffen, ist es unerlässlich sich einigen seiner Veröffentlichungen zuzuwenden, in denen sich eine politische Parteinahme erkennen lässt. Hier wird der Frage nachgegangen, welches Bild sich aus den Texten herauslesen lässt und ob dadurch die Diskrepanz zwischen sachlichem, unabhängigem Forscher, „nationalsozialistischem Karrieristen" und dem „politisch Unbefleckten" der Nachkriegszeit erklärt werden kann. Das Erkenntnisinteresse richtet sich bei der Sichtung der Schriften auch darauf, inwieweit sich die politischen Haltungen der Zeit auf seine Schriften auswirkten, denn im Lebensweg Pauls fällt eine erstaunliche Konstanz über jegliche Umbrüche zu Beginn des 20. Jahrhunderts ins Auge.

Die Arbeiten Pauls und sein Engagement nach dem Ersten Weltkrieg, die Gesellschaft auf einen wissenschaftlichen Weg zu führen, anstatt sie in den Dienst des „Grenzkampfs" zu stellen, belegen größtenteils das von Klose gezeichnete Bild des unabhängigen Forschers, für den die wissenschaftliche Erkenntnis an erster Stelle stand. Wenn jedoch ein vergleichsweise hohes Maß an Bemühung um unabhängige Wissenschaft erkennbar ist, so kann sich der Landesbibliothekar doch der nationalen Denkweise nicht ganz entziehen. Positiv zu notieren ist an dieser Stelle die Würdigung der Arbeiten dänischer Historiker, die er sowohl in Aufsätzen als auch in Buchbesprechungen und Literaturberichten relativ ausgewogen behandelt. In der Zeitschrift „Der Schleswig-Holsteiner" von 1930 bekennt er, dass es seiner Meinung nach nicht möglich sei, in allen umstrittenen Punkten der „schleswigschen Geschichte zu einer einheitlichen Auffassung zwischen deutscher und dänischer Forschung zu gelangen"[140]. Aber diese „‚Konkurrenz' zwischen beiden [könne] für die Forschung nur von Vorteil sein"[141]. Dennoch lehnt Pauls in allen seinen Schriften Forschungsergebnisse ab, die einen Anspruch Dänemarks auf Schleswig in irgendeiner Form stützen. Wie sich beispielsweise in seinem Aufsatz „Die Vorgänge von 1721 und ihre staatsrechtliche Bedeutung in dänischer und deutscher Beleuchtung" zeigt.[142] Dabei sind es gerade jene historischen Ereignisse, die das Verhältnis Schleswigs zum dänischen Reich innerhalb verschiedener Jahrhunderte immer wieder neu beeinflussten, die in Pauls Forschung deutlich überwiegen und jeweils so gedeutet werden, dass ein Anspruch Dänemarks auf Schleswig nicht hinreichend gegeben ist. So reichen seine Studien von einer Abhandlung zu dem „Bistum Schleswig und seiner Stellung zum Norden und Süden"[143] im frühen und hohen Mittelalter über Darstellungen zu dem „Ripener Privileg von 1460"[144] bis zu Beiträgen zu der schleswig-holsteinischen Bewegung und der schles-

---

140 Deutsche und dänische Heimatforschung. Eine Unterredung mit Dr. V. Pauls, in: Der Schleswig-Holsteiner 11 (1930), 9, S. 203.
141 Ebd., S. 204.
142 Vgl. Volquart Pauls: Die Vorgänge von 1721 und ihre staatsrechtliche Bedeutung in dänischer und deutscher Beleuchtung, in: Die Heimat 31 (1921), S. 195.
143 Volquart Pauls: Das Bistum Schleswig in seiner Stellung zum Norden und Süden, in: Schleswig-Holsteinisches Jahrbuch 14 (1924), S. 39-43.
144 Die Ereignisse von 1460 tauchen häufiger in den Schriften Pauls auf. Vor allem auch in Überblickswerken zur schleswig-holsteinischen und dänischen Historiographie zur Schleswigschen Frage. Am umfangreichsten sind jedoch folgende Abhandlungen: Volquart Pauls: Die Wahl Christians I. 1460, in: Der Schleswig-Holsteiner 5 (1924), 23, S. 7-11; ders.: Die Vorgänge von 1460 und ihre Bedeutung für die schleswig-holsteinische Geschichte, Kiel 1928.

wig-holsteinischen Erhebung im 19. Jahrhundert.[145] Gerade für diese Arbeitsgebiete sieht Pauls einen Vorsprung der dänischen Forscher, den es auf deutscher Seite aufzuholen gilt.[146]

Schärfer wird der Ton in der Verteidigung des „Handbuchs zur schleswigschen Frage" von Karl Alnor[147], das Pauls zusammen mit Carl Petersen herausgegeben hat. Alnors Handbuch stellte sich deutlich in den Dienst des schleswigschen „Grenzkampfes" und wurde aus diesem Grund in Dänemark sehr negativ kommentiert, und als „pseudowissenschaftlich" und „tendenziös" bezeichnet.[148] Gegen diese dänischen Vorwürfe richtet sich ein Artikel Pauls und Petersens in der Zeitschrift „Schleswig-Holsteiner". Darin sprechen sie sich zwar für eine Vermittlung zwischen dänischen und deutschen Historikern aus, doch zugleich prangern sie an, dass in Dänemark „Geschichtsklitterungen über die nordschleswigsche Frage" betrieben werde, die „von der Presse und dem Publikum als bare Münze übernommen"[149] und so die deutsche Behandlung der jüngsten Vergangenheit mit den „Mitteln objektiver Wissenschaft"[150] diffamiert werde.

In einer ähnlichen Verteidigungs- beziehungsweise Anklageschrift von 1938 scheint der Konflikt um das „Handbuch zur schleswigschen Frage" sich noch zugespitzt zu haben. Wurde schon in der ersten Stellungnahme „die bestimmende Kraft des Volkstums" bemüht, um die Schrift Alnors zu legitimieren, so beriefen sich der Autor

---

145 Hier sind beispielhaft zu nenne: Volquart Pauls: Der deutsche Gedanke in der schleswig-holsteinischen Erhebung von 1848. Zur Erinnerung an den 75. Jahrestag der Erhebung, in: Deutsche Tageszeitung. Unterhaltungsbeilage, vom 21. März 1923; ders.: Friedrich Mommsen und die Schleswig-Holsteinische Erhebung, in: ZSHG 58 (1929), S. 594-653; ders.: Beiträge zur schleswig-holsteinischen Bewegung, in: ZSHG 63 (1935), S. 393-405.

146 Vgl. Pauls: Hundert Jahre, S. 205.

147 Karl Alnor (1891-1940): Alnor wurde 1891 in Kiel geboren, fühlte sich aber durch seine Familie, die aus Schleswig stammte, dem Grenzkampf verpflichtet. Zunächst Gymnasiallehrer, dann Dozent an der Hochschule für Lehrerbildung und Landesgeschichtsforscher, der sich durch das Handbuch zur Schleswigschen Frage als Landeshistoriker während der 1920er und 1930er Jahre einen Namen machte. In seinem Nachruf auf Karl Alnor beschreibt Volquart Pauls, dass die „Grenzpolitik" die Arbeit des schleswig-holsteinischen Lehrers entscheidend prägte und „bis zum Schluß im Mittelpunkt seiner wissenschaftlichen Forschung und seiner praktischen Volkstumsarbeit stand". Dabei habe er sich durch „organisatorische Arbeit", aber ebenso „in der geistigen Auseinandersetzung mit dem Gegner eingesetzt". Volquart Pauls: Karl Alnor zum Gedächtnis, in: ZSHG 49 (1941), S. VIIf.

148 Diese Bezeichnungen geben Karl Alnor, Volquart Pauls und Carl Petersen in einer Gegendarstellung zu einem dänischen Artikel in der „Flensburg Avis" wieder, in dem das „Handbuch zur Schleswigschen Frage zu bezeichnet wird. Vgl. Karl Alnor/ Volquart Pauls/ Carl Petersen: „Flensburg Avis" und das „Handbuch der Schleswigschen Frage". Eine Erklärung der Herausgeber des „Handbuches", in: Der Schleswig-Holsteiner 19 (1938), 3, S. 51. Aus der Verteidigungsschrift der drei Verantwortlichen geht nicht hervor auf welchen Artikel in der „Flensburg Avis" sie sich beziehen. Aus diesem Grund kann hier leider nur die Gegendarstellung zitiert werden. Damit ist die Gefahr gegeben, dass die dänischen Äußerungen nur unzureichend erfasst werden, doch im Vordergrund der Darstellung steht in erster Linie, dass und wodurch sich Alnor, Pauls und Petersen genötigt fühlten zu reagieren.

149 Volquart Pauls/ Carl Petersen: Ein Appell an die dänischen Geschichtsforscher, in: Der Schleswig-Holsteiner 10 (1929), S. 515.

150 Ebd., S. 514.

und die Herausgeber nun mit deutlicheren Worten auf die „hehren Ziele für das deutsche Volk" im nationalsozialistischen Geiste. So liest sich ihre Reaktion auf einen Artikel in der „Flensborg Avis", in dem das Handbuch als „politisches Kampfmittel"[151] bezeichnet wird folgendermaßen:

> „Denn hier wird mit den bei dem Verfasser hinlänglich bekannten Methoden versucht, dem Verfasser und den Mitherausgebern Verfehlungen gegen die selbstverständliche Pflicht jedes deutschen Nationalsozialisten, fremde nationale Rechte zu respektieren, wie sie in einem bekannten Worte des Führers besonders betont worden ist, vorzuwerfen. Es wird behauptet, das Werk versündige sich gegen den so oft bekundeten Willen des Führers, den Nachbarvölkern Gerechtigkeit zu erweisen."[152]

Ihre Argumentation stützt sich auf nationalsozialistische Propaganda, die zur Verschleierung des deutschen Weltmachtstrebens die „Pflicht" postuliert, dass jeder „gute Deutsche" fremde, nationale Rechte zu respektieren hätte. In Anbetracht der nationalsozialistischen Ideologie, welche mit der Idee von der „deutschen Herrenrasse" und dem „Lebensraum im Osten" in den Zweiten Weltkrieg führte, wirkt diese Verteidigung eher skurril. Der Artikel wird zudem beendet mit einem weiteren Verweis auf den „Führer", denn die Verfasser glauben in der negativen Darstellung des „Handbuch zur schleswigschen Frage" von dänischer Seite, antideutsche Propaganda zu erkennen, vor der Hitler gewarnt hatte:

> „Im übrigen verweisen wir auf die letzte große Rede des Führers, in der von den Methoden der Pressevergiftung gesprochen wurde und die kürzlich durch eine Rede des Reichspressechefs näher erläutert wurde. [...] so finden wir in dem Versuch, die Kennzeichnung des politischen Verhaltens eines bestimmten dänischen Grenzpolitikers in einen solchen Angriff umzufälschen, eben jene Methode der Vergiftung des Verhältnisses zwischen dem deutschen und dem dänischen Volke."[153]

Eine Anlehnung an nationalsozialistisches Gedankengut wird in ähnlich starker Ausprägung in einem früheren Aufsatz zu den „Aufgaben der Familienforschung" deutlich, denn hier werden die nationalsozialistischen innenpolitischen Maßnahmen, die auf der NS-Rasseideologie beruhen, positiv hervorgehoben, da sie das Interesse für die Familien- beziehungsweise „Rasseforschung" in der Bevölkerung gestärkt hätten. Gesetze, die von den Nazis zum Zweck der systematischen Verfolgung und Vernichtung der Juden, der Sinti und Roma, aber auch Menschen mit geistiger und körperlicher Behinderung erlassen wurden, werden hier von Pauls durchaus anerkennend hervorgehoben:

> „Aber zu keinen Zeiten ist sie [die Familienforschung] so zur Sache des ganzen Volkes geworden wie gerade seit den Tagen der nationalsozialistischen Revolution. Das Gesetz zur Wiederherstellung des Berufsbeamtentums, das Erbhofgesetz, der Aufklärungsfeldzug über Erb- und Rassefragen, die eingreifenden Bestimmungen zur Verhütung eines erbkranken Nachwuchses, die auf Stärkung erbgesunder Familien gerichtete Steuerpolitik, alle diese für den Neuaufbau unseres Staates- und Volkslebens wichtigen und notwendigen, aus dem Geiste nationalsozialistischer Lebensauffassung und Staatsgesinnung geborenen gesetzgeberischen Maßnahmen haben der genealogischen Forschung nicht nur einen äußerlichen Auf-

---

151 Alnor/ Pauls/ Petersen: „Flensburg Avis", S. 51.
152 Ebd.
153 Ebd., S. 52.

trieb verliehen, sondern haben ihr gleichzeitig die Zweckbestimmungen wiedergegeben, die ihr im Mittelalter durchaus eigen war."[154]

Der Familienforschung im Sinne der nationalsozialistischen Ideologie, die hier angedeutet wird, kommt jedoch in dem ganzen Artikel keine weitere Behandlung zu und wird erst zum Schluss wieder erwähnt und dies lediglich mit einem kurzen Hinweis darauf, dass die „erbbiologischen" Grundlagen der Familienforschung nicht behandelt wurden, da in der Öffentlichkeit darüber so viel berichtet worden sei. [155]

Pauls Interesse an der Familienforschung scheint in erster Linie auf die demographische Entwicklung beziehungsweise die soziale Zusammensetzung der Bevölkerung Schleswig-Holsteins in früherer Zeit abzuzielen. Dennoch bemüht er im letzten Satz seines Artikels wiederum die „Blut- und Bodenargumentation" der Nationalsozialisten, ohne jedoch daraus eine wirklich konkrete Verpflichtung für jeden einzelnen im Sinne der nationalsozialistischen Staatsideologie zu formulieren.

„So sind der Familienforschung im Dienste unseres Volkes und Volkstums große Aufgaben gestellt. Daß das deutsche Volk aus seinem Blut heraus sein Wesen und sein Wirken erkennt und jeder Einzelne der für ihn sich heraus ergebenden Verpflichtungen sich bewußt wird, dazu kann und muß die Familienforschung helfen."[156]

Nach 1945 zeigte sich Volquart Pauls schockiert und ernüchtert von der Situation im Nachkriegs-Deutschland. So ist einem Brief an Hermann Hagenah folgende Sicht auf die jüngste Vergangenheit zu entnehmen:

„Angesichts der ungeheuren Katastrophe, die über unser Reich und Volk hereingebrochen ist, und angesichts der trostlosen Zukunft, die uns beschieden ist, ist der Wahnsinn dieses Krieges umso unbegreiflicher. Aber alle Überlegungen nützen in diesem Fall ja gar nichts. Wir müssen uns damit abfinden und versuchen, das Elend, das über uns gekommen ist, so erträglich wie möglich zu gestalten, um auf diese Weise die Grundlagen für einen Neuaufbau für die kommenden Geschlechter zu legen."[157]

In dem Pauls die Zeit der nationalsozialistischen Diktatur als „Elend, das über uns gekommen ist" bezeichnet, schließt er sich einer Auffassung an, die viele Deutsche sich nach dem Krieg zu eigen machten, und in der die deutsche Verantwortung für Krieg, rassistische Verfolgung und Massenmord auf eine unbestimmte Herrscherclique um Hitler geschoben wurde. Damit konnte die eigene Schuld zur Seite geschoben, die Vergangenheit verdrängend zurückgelassen werden und man konnte sich den „dringlicheren" Problemen der Gegenwart und Zukunft zuwenden.[158] Für Pauls ergaben sich 1945/46 „dringlich" zu lösende Probleme aus der „Gefährdung der engeren Heimat" durch dänische Gebietsansprüche auf Schleswig.[159] Deshalb besteht für ihn die wich-

---

154 Volquart Pauls: Aufgaben der Familienforschung. Aus einer Ansprache bei Eröffnung einer von der Landesbibliothek in Kiel veranstalteten Ausstellung: „Familienforschung in Schleswig-Holstein", in: Der Schleswig-Holsteiner 15 (1934), 2, S. 48.
155 Ebd., S. 51.
156 Ebd..
157 LAS Abt. 397, Nr. 316, Brief Pauls an Hagenah vom 27. Februar 1946.
158 Hartmut Berghoff: Zwischen Verdrängung und Aufarbeitung. Die bundesdeutsche Gesellschaft und ihre nationalsozialistische Vergangenheit in den fünfziger Jahren, in: GWU 49 (1998), S. 96-114, hier: S. 100.
159 LAS Abt. 397, Nr. 316, Brief Pauls an Hagenah vom 27. Februar 1946.

tigste Aufgabe darin, alle Kräfte in die Aufklärung über die Geschichte Schleswig-Holsteins zu investieren und begründet dies folgendermaßen:

> „Erneut tritt die Grenzfrage hervor, und was die Dänen 1918-20 nicht erreichen konnten, das hoffen sie jetzt zu gewinnen. Es geht jetzt um den Rest Schleswigs und damit letztenendes um den Untergang und die Vernichtung Schleswig-Holsteins."[160]

Damit beginnt der Kampf um die Deutungshoheit über die schleswigsche Geschichte zwischen Deutschen und Dänen erneut, von Pauls nun in aller Deutlichkeit mit seinen Schriften zugunsten des schleswig-holsteinischen Anspruchs auf Schleswig unterstützt.[161]

Aus den weitgehend sachlichen Texten Pauls wurden einige Passagen hervorgehoben, die als politisch-ideologische Meinungsäußerungen anzusehen sind. Pauls zeigt sich jedoch generell in seinen Schriften nicht als unversöhnlicher „Grenzkämpfer" oder überzeugter Nationalsozialist.

Pauls politische Haltung kann wohl eher als national bezeichnet werden, denn als nationalsozialistisch. Mit dieser über den Untersuchungszeitraum hinweg konstanten national-konservativen und, in Bezug auf Schleswig-Holstein, stark ausgeprägten lokalpatriotischen, Einstellung musste Pauls sich in vier verschiedenen Staatsformen jeweils immer wieder neu positionieren. Dabei bleibt die Konstante in diesen Orientierungsphasen der Bezug auf seine landesgeschichtliche Forschung. Gleichzeitig versucht er die Bevölkerung über historische Sachverhalte aufzuklären und somit auch politischen Einfluss zu nehmen, wie der Hinweis auf seine Einmischung in den „Grenzkampf", vor allem nach 1945, zeigt. Pauls Engagement zeigt sich in erster Linie bestimmt durch das Schicksal Schleswig-Holsteins, weniger Deutschlands. Für Pauls gilt also, wie Cornelißen in seinem Aufsatz zum Historischen Seminar der Universität für ihn und weitere schleswig-holsteinische Historiker herausstellt, dass er sich als Schleswig-Holsteiner zur nationalpolitischen Verteidigung seiner „Heimat" berufen fühlte.[162] Hinsichtlich Schleswig-Holsteins Position zum Deutschen Reich und zu Dänemark galt sein ganzes politisches Engagement dem Erhalt eines weitestgehend unabhängigen Schleswig-Holsteins, aber vor allem eines ungeteilten Schleswigs. Im Vordergrund seines Interesses stand also in erster Linie das „Wohl" seiner Heimat, sowie das ungestörte Fortführen seiner beruflichen und wissenschaftlichen Arbeit. Um dies zu gewährleisten, kooperierte er nicht nur mit den Verantwortlichen der wechselnden Regierungssysteme, sondern bot sich zur Mitwirkung an, partizipierte und konnte so ungeachtet der politischen Veränderungen seinen beruflichen Lebensweg stringent fortsetzen.

Auch wenn nationalpolitische Anklänge in Pauls Texten zu verzeichnen sind, sei im Rahmen grenzpolitischer Interessen oder im Sinne einer nationalsozialistischen

---

160 Ebd.
161 So veröffentlichte er in diesem Zusammenhang nach 1945 unter anderem folgende Schriften: Volquart Pauls: „Zum Gedächtnis der Schleswig-Holsteinischen Erhebung. 1848 – 24. März 1948", in: Flensburger Tageblatt, vom 23. März 1948; ders.: Ist „Südschleswig" wirklich dänisch? (Schriftenreihe des Schleswig-Holsteinischen Heimatbundes 1), Flensburg 1948.
162 Vgl. Cornelißen: Das Kieler Historische Seminar in den NS-Jahren, in: ders./ Carsten Mish (Hg.): Wissenschaft an der Grenze. Die Universität im Nationalsozialismus, Essen 2009, S. 229-252, hier: 236.

Geschichtsschreibung, so gilt dies vor allem für die Schriften, die nicht in dem Umfeld der Gesellschaft erschienen sind. In den Veröffentlichungen die im Namen der Gesellschaft für schleswig-holsteinische Geschichte publiziert wurden, enthält er sich direkten politisch geprägten Aussagen.

3.2 Institutionelle Bedingungen und Veränderungen

Im Folgenden werden Entwicklungen nachgezeichnet, die den äußeren Rahmen der landesgeschichtlichen Arbeit des Geschichtsvereins bedingen und Einblick geben in die institutionellen Strukturen. Dazu wird die Mitgliederbewegung und Mitgliederzusammensetzung dargestellt, aus der sich ein Bild über den Verein als Teil des öffentlichen Lebens Schleswig-Holsteins ergibt. Die Stellung zu der Provinz wird nachfolgend vor allem im Hinblick auf die staatliche Finanzierung thematisiert. Zuletzt werden einige Veränderungen im institutionellen Aufbau im Vorstand erläutert, die aus der gesteigerten wissenschaftlichen Tätigkeit zu resultieren schien.

3.2.1 Mitgliederbewegung und -zusammensetzung

Die Zeit nach dem ersten Weltkrieg war eine Zeit der Restitution für die Gesellschaft für Schleswig-Holsteinische Geschichte. Ab 1918 stiegen die Mitgliederzahlen wieder. Hatte die Gesellschaft am Ende des Krieges 1918 nur 550 Mitglieder zu verzeichnen, stieg die Zahl innerhalb von fünf Jahren bis 1923 auf 870.[163] Also konnte ein Zuwachs von mehr als 50% erreicht werden. Ein Grund für die wachsende Zahl der Interessenten an der Schleswig-Holsteinischen Geschichte, war laut Kunz vor allem die Abtretung Nordschleswigs an Dänemark.[164] Durch den Anspruch, den Dänemark auf Schleswig erhob, stiegen das Bewusstsein und das Interesse für die Geschichte der ehemaligen Herzogtümer. Hinzu kam, dass die deutsche Bevölkerung sich nach dem verlorenen Krieg, dem als schmachvoll empfundenen Versailler Friedensvertrag und dem Zusammenbruch des deutschen Kaiserreichs auf die Suche begab nach identitätsstiftenden Anknüpfungspunkten in der Vergangenheit. Diese Hinwendung zur Vergangenheit kam zusammen mit der schon früher einsetzenden Heimatbewegung, die aus einem Gefühl der starken Verbundenheit mit der nächsten Umgebung und einer Überhöhung des Heimatbegriffs als regionalem Bezugspunkt eine Anlaufstelle für viele Menschen in der Weimarer Republik wurde. Daraus zogen auch die regionalen Geschichtsvereine ihren Nutzen. Sie distanzierten sich zwar von der Heimatbewegung, aber aufgrund der „geistige[n] Orientierungssuche der Zeit" und der damit verbundenen Hoffnung auf „das stabilisierende Bewusstsein einer kleinräumigen Beheima-

---

163 Vgl. die Nachrichten über die Gesellschaft und Jahresberichte aus den Jahren 1918 bis 1925, in: ZSHG 48 (1918), S. 388-390; ZSHG 49 (1919), S. 333-339; ZSHG 50 (1921), S. 569-573; ZSHG 51 (1922), S. 299-303; ZSHG 53 (1923), S. 386-389; ZSHG 54 (1924), S. 546-552; ZSHG 55 (1926), S. 632-637.
164 Vgl. Kunz: Verortete Geschichte, S. 321.

tung"[165] durch die historische Erforschung der eigenen Umwelt, erfreuten sie sich starkem Zulauf.

Dies führte dazu, dass die Gesellschaft 1925 933 Mitglieder verzeichnen konnte und sich somit auf dem Höhepunkt ihrer personellen Stärke befand. Nach 1925 ging die Anzahl der Mitglieder wieder leicht zurück. Nach einem leichten Anstieg in den Folgejahren, fielen die Mitgliederzahlen zwischen 1931 und 1935 dann beständig ab.[166] Einen besonders großen Einschnitt brachte das Jahr 1931, hier erklärten etwa 100 Mitglieder ihren Austritt.

Den einzigen Hinweis, den die Akten der Gesellschaft in Bezug auf die Mitgliederbewegung geben, zeigt den Mitgliederschwund als Nebenwirkungen der Weltwirtschaftskrise und der Verarmung der Gesellschaft. Es finden sich etliche Briefe an den Schriftführer, in denen die Kündigung der Mitgliedschaft angezeigt wird, mit der Begründung, dass die nötigen Mittel nicht mehr aufgebracht werden können, um den Mitgliedsbeitrag zu zahlen. So kündigen zahlreiche Einzelpersonen und Institutionen die Mitgliedschaft mit dem Hinweis darauf, dass sie die „wirtschaftlichen Verhältnisse genötigt" hätten oder der Beitrag aus „finanziellen Gründen leider unterbleiben müßte".[167]

Eine Aussage Pauls, die dieser in einem Brief an den Landeshauptmann vom 3. Juli 1933 tätigt und in dem er um finanzielle Unterstützung bittet, bestätigt den beschriebenen Eindruck:

> „Auch die Ermäßigung des jährlichen Mitgliedsbeitrages von 10 RM auf 8 RM hat der rückläufigen Bewegung im Mitgliederbestande keinerlei Einhalt geboten. Selbst eine Reihe von Städten und Kreisen haben sich genötigt gesehen, ihren Austritt aus der Gesellschaft zu erklären."[168]

Aus einem Mitgliederverzeichnis aus dem Jahr 1926,[169] zu einem Zeitpunkt, an dem die Gesellschaft einen der höchsten Mitgliederstände seit dem Bestehen hatte, geht hervor, dass die schleswig-holsteinische Geschichtsgesellschaft als großbürgerlich und vor allem männlich geprägter Verein angesehen werden kann. Unter den 917 Mitgliedern befanden sich lediglich 29 Frauen. Interessant sind außerdem die Berufsbezeichnungen der Frauen. 16 Frauen sind als berufstätig verzeichnet, wobei ein großer Teil der weiblichen Mitglieder den Beruf der „Lehrerin" ausübten. 13 Frauen scheinen keiner Arbeit nachgegangen zu sein, sie werden als „Frau" oder „Fräulein" angegeben.

Insgesamt ist auffällig, dass Lehrer, Juristen und Ärzte als häufigste Berufsgruppen genannt sind. Zudem gehörten dem Verein verhältnismäßig viele Universitätsprofessoren an. Die Gesellschaft kann als Honoratiorenverein bezeichnet werden, da viele

---

165 Unterstell: Klio in Pommern, S. 109.
166 Vgl. die Jahresberichte der Gesellschaft für die Jahre 1931 bis 1935, ZSHG 61 (1933), S. 514-525; ZSHG 62 (1934), S. 462-471; ZSHG 63 (1935), S. 502-507; ZSHG 64 (1936), S. 518-525.
167 Die Austritte der Gesellschaft sind unsortiert verzeichnet zu finden in: LAS Abt. 397, Nr. 56, Austritte 1919-1933; hier zitiert aus der Kündigung der Stadtbücherei Altona vom 6. Februar 1932 und des Magistrats der Stadt Plön vom 9. Juli 1928.
168 LAS Abt. 397, Nr. 143, Brief Pauls an den Landeshauptmann Röer vom 3. Juli 1933.
169 Mitgliederverzeichnis der Gesellschaft für Schleswig-Holsteinische Geschichte, Kiel um 1926, in: Gesellschaft für Schleswig-Holsteinische Geschichte. Sammelband, o.O o.J.

einflussreiche Mitglieder aus dem provinzialen Verwaltungs- und Regierungsapparats dem Geschichtsverein angehörten. Des Weiteren mehrere Gutsbesitzer, Bankdirektoren, Fabrikanten und höhere Militärs. So ist festzuhalten, dass finanziell, politisch oder intellektuell einflussreiche Männer unter den Mitgliedern der Gesellschaft dominierten. Die so genannte „einfache Bevölkerung" war eher unterrepräsentiert. Hier fällt die Häufung der als Buchhändler, Bibliotheks- beziehungsweise Archivangestellten bezeichneten Mitglieder auf.

Die Zeitschrift wurde während der Weimarer Republik etwa zwischen 600 und 900 Personen zugestellt, dennoch könnten die Veröffentlichungen durch die personelle Zusammensetzung der Mitglieder eine breitere Streukraft erreicht haben. Vor allem den weit über 100 Lehrern, die im Geschichtsverein vertreten waren, kommt möglicherweise eine verbreitende Funktion zu.

3.2.2 Finanzierung

War es dem schleswig-holsteinischen Geschichtsverein sogar während der Kriegsjahre gelungen die Zeitschrift, wenn auch in gekürzter Form, herauszugeben, gelang dies 1920 nicht. Hier liegt die Schlussfolgerung nahe, dass dies eher der Umstrukturierung innerhalb des Vorstands geschuldet war und weniger aus einer prekären finanziellen Lage resultierte. Bis 1919 hatten der Schriftführer Meyer und der im Krieg eingesprungene Hedemann-Heespen sich die Zuständigkeit für die Publikationen geteilt. Hedemann-Heespen war zuständig für die Veröffentlichung der Zeitschrift. Nach einem Konflikt zwischen ihm und dem Redaktionsausschuss beziehungsweise dem Vorstand fiel er für diese Position aus und die gesamte Verantwortung lag nun wieder allein bei Meyer.[170]

Finanzielle Probleme hatte der Verein in den ersten Jahren nach dem Krieg scheinbar nicht. Während des Krieges zeichnete der Verein Kriegsanleihen[171] „in nicht unbeträchtlicher Höhe"[172]. Der Vermögensnachweis gibt für Kriegsanleihen eine Höhe von insgesamt 25000 M an. Unterstützung fand die Gesellschaft auch durch zwei private Spender: Sowohl der Bankier Wilhelm Ahlmann[173], der der Gesellschaft 1917 24000 M zukommen ließ und verschiedene Spenden Hedemann-Heespens, welche allein für die Jahre 1916/17 18000 M betrugen. Zudem erhielt die Gesellschaft finanzielle Beihilfen von der Provinzialverwaltung. Diese finanzielle Unterstützung verhalf

---

170 Ursache und Folgen des Konfliktes werden im Folgenden, in Kapitel 3.3.1, eingehender behandelt.
171 Nachrichten über die Gesellschaft, in: ZSHG 48 (1918), S. 389f.; Nachrichten über die Gesellschaft, in: ZSHG 49 (1919), S. 338f.
172 Kunz: Verortete Geschichte, S. 321.
173 Wilhelm Ahlmann (1817-1910), Bankier, Politiker, Zeitungsverleger, wird im Schleswig-Holsteinischen Biographischen Lexikon als „bewusster" Schleswig-Holsteiner bezeichnet, tatsächlich war er politisch schon früh als Sekretär der Provisorischen Schleswig-Holsteinischen Regierung aktiv. Darüber hinaus tritt er als Gründer des Bankhauses Wilhelm Ahlmann und der „Kieler Zeitung" in Erscheinung. „Von 1866 bis 1888 war er Mitglied der Kieler Stadtverwaltung, 1868 Abgeordneter im Preußischen Landtag." Werner Pfeiffer: Ahlmann, Hans Wilhelm, in: Schleswig-Holsteinisches Biographisches Lexikon, Bd. 1, Neumünster 1970, S. 24f.

dem Verein dazu, die Zeit der allgemeinen wirtschaftlichen Notlage in Deutschland relativ gesichert zu überstehen.

Als Vorsitzender fungierte bis 1921 der Landeshauptmann Reichsgraf Carl Platen zu Hallermund, sodass der Verein nicht nur finanziell von der Provinz unterstützt wurde, sondern auch personell mit ihr verbunden war. Laut Kunz bedeutet finanzielle Unterstützung von staatlicher Seite nicht gleichzeitig, dass den geförderten Vereinen eine staatstreue oder systemstabilisierende Ausrichtung anhaftete.[174] Eine gewisse Einflussnahme ist bei so enger Zusammenarbeit mit der Provinzialverwaltung jedoch unumgänglich. Doch inwieweit sich die Gesellschaft von der Provinzialregierung in der Weimarer Republik aus Abhängigkeit beeinflussen ließ, ist weitestgehend spekulativ. Aus den Akten ist jedoch zu entnehmen, dass dem Verein zwischen 1928 und 1930 jedes Jahr mindestens 16000 M zur Verfügung gestellt wurden.[175] Auch im Jahr 1921 ging bei der Gesellschaft der Betrag von 15000 M von der Provinzialverwaltung ein.[176] 1922 erhielt der Verein 30000 RM vom Provinziallandtag[177] und aufgrund der zunehmenden Geldentwertung 1923 sowohl von dem Provinziallandtag als auch von dem Oberpräsidenten Kürbis 500000 M.[178] Die finanzielle Unterstützung der Provinz war für das Bestehen des Vereins und für die Herausgabe der Schriften dringend notwendig. Um dies und die fachliche Prüfung der Manuskripte der Gesellschaft zu gewährleisten, führte die Gesellschaft 1923 eine Satzungsänderung durch, die der „Provinzialverwaltung das Recht einräumte, ihrerseits einen Vertreter in den Vorstand der Gesellschaft zu entsenden"[179]. Damit unterwarf sich der schleswig-holsteinische Geschichtsverein von sich aus der Kontrolle durch die Provinzialverwaltung.

Dennoch ist festzuhalten, dass der Geschichtsverein während der Weimarer Republik trotz der staatlichen Unterstützung sicherlich im Kern nicht als Anhänger des republikanischen Deutschlands gelten kann, aber aufgrund der Beihilfen nicht systemkritisch auftreten durfte. Anzeichen dafür ist der Ausschluss Hedemann-Heespens aus dem Vorstand, dessen anti-preußische Publikationen auf längere Sicht möglicherweise eine Zusammenarbeit mit der Regierung Schleswig-Holsteins erschwert hätten.[180]

Als Indiz für die Ablehnung der neuen Staatsform könnte der Umstand gewertet werden, dass nach dem Rücktritt des Landeshauptmanns Platen zu Hallermund 1921, sich die Gesellschaft personell nicht wieder durch den Vorsitz an die Provinzialver-

---

174 Kunz: Verortete Geschichte, S. 63.
175 LAS Abt. 397, Nr. 143; hier finden sich Belege über den Eingang der Zahlungen von der Provinzial-Kommission für Kunst, Wissenschaft und Denkmalpflege. Daraus geht auch hervor, dass für bestimmte Zwecke auch Extragelder bewilligt wurden. 1928 wurden beispielsweise für den Druck des Manuskripts von Güttel „Die Marienkirche in Hadersleben" 3000 RM erteilt.
176 LAS Abt. 301, Nr. 4069.
177 LAS Abt. 371, Nr. 707; Auszug aus dem Sitzungsprotokoll des Provinzialausschusses, wodurch der Gesellschaft angezeigt wird, dass für das Jahr 1922 30000 M bewilligt wurden, vom 25. Februar 1922.
178 LAS Abt. 371, Nr. 707; die Bewilligung der Gelder geht u.a. aus einem Brief Pauls an die Provinzialverwaltung vom 4. Mai 1923 hervor, in dem er um weitere Mittel bittet.
179 LAS Abt. 371, Nr. 707; dieses trägt der Vorstand der Provinz in einem Brief vom 22. Mai 1923 vor. Am 28. Juli des Jahres gibt der Auszug aus einem Sitzungsprotokoll der Kommission für Bildung und Heimatpflege darüber Auskunft, dass dies umgesetzt wurde.
180 Vgl. dazu: Kunz: Verortete Geschichte, S. 320.

waltung band, sondern den Juristen und Bankier Ludwig Ahlmann zum 1. Vorsitzenden wählte. Im Hinblick darauf bemerkenswert erscheint die Tatsache, dass seit 1935, also erst unter den Nationalsozialisten, mit der Person des Landeshauptmann Röer die Verbindung zwischen Staat und Verein erneuert wurde. Bekräftigt wird diese Distanzierung zum republikanischen Nachkriegsdeutschland von Schaab, der für die Badische Historische Kommission und die Württembergische Kommission ähnliche Haltungen und Vorgänge feststellt, und dies darauf zurückführt, dass die Kommissionen „1918 kaum besondere Nähe zu der aus der deutschen Niederlage erwachsenen republikanischen Staatsform"[181] finden konnten.

Der Verein steht finanziell jedoch über den gesamten Zeitraum in einer starken Abhängigkeit zu der Provinz, wie Pauls in einem Brief an Arnold Oskar Meyer zu erkennen gibt:

> „Die Beschränkung unserer Mittel seit dem Sommer 1931 nötigt uns zu alleräußerster Beschränkung. Von der Provinz haben wir im Jahre 1931/32 nur 1000.- RM erhalten und in diesem Rechnungsjahr 1932/33 1500.- RM. Dabei ist, wie bei allen kulturellen Vereinen in heutiger Zeit die Mitgliederbewegung stark rückläufig. Um die Verbindung mit unseren Mitgliedern aufrecht zu erhalten, wird natürlich in erster Linie notwendig sein, die Zeitschrift laufend fortzusetzen."[182]

Ob die Provinzialverwaltung mit der Kürzung der Zuwendungen Unzufriedenheit über die Arbeit oder Tendenz der Gesellschaft ausdrückt ist fraglich. Es zeigt sich jedoch, dass es ohne die großzügige Unterstützung der Provinz im Jahr 1932 nicht gelang, die Zeitschrift herauszugeben. Dadurch wird deutlich, wie eng das Schicksal des Geschichtsvereins mit den Zahlungen des Staates verknüpft war. Die Macht, die der Provinzialverwaltung somit zukam ist also immens und doch gibt es keinen Hinweis darauf, dass diese Macht während der Weimarer Republik missbraucht wurde. Ob dies in späterer Zeit der Fall war, wird im Folgenden noch darzustellen sein. Zunächst nutzte die Gesellschaft die Zwischenkriegszeit, um sich institutionell und personell zu stabilisieren und ihre wissenschaftliche Arbeit voranzutreiben.

3.2.3 Umstrukturierungen

Bis 1921 wurde die Zeitschrift nur von einer kleinen Gruppe aktiver Mitglieder getragen. Die Anzahl der Verfasser war gering und es zeigen sich häufig dieselben Namen. Ein Literaturbericht wird erst 1921 aufgenommen, Buchbesprechungen finden gar keinen Eingang in das wichtigste Publikationsorgan der Gesellschaft. Ab 1921, mit der Übernahme des Schriftführeramtes durch Pauls änderte sich das Bild. Auch wenn es zunächst nur einige wenige waren, die die Zeitschrift aktiv mittrugen, wurde das Personal doch vollständig ausgetauscht und ein erheblich größerer Anteil der Autoren

---

[181] Meinrad Schaab: Die Südwestdeutsche Landesgeschichte seit 1918 im Spannungsfeld zwischen staatlicher Förderung, Zeitströmung und wissenschaftlicher Unabhängigkeit, in: ders. (Hg.): Staatliche Förderung und wissenschaftliche Unabhängigkeit der Landesgeschichte. Beiträge zur Geschichte der Historischen Kommissionen im deutschen Südwesten, Stuttgart 1995, S. 1-170, hier: S. 3.
[182] LAS Abt. 397, Nr. 52, Pauls in einem Brief an Meyer vom 11. Januar 1933.

wies sich nun durch höhere wissenschaftliche Qualifikation aus. Zudem wurde der Zeitschrift ab 1921 ein umfassender Rezensionsteil hinzugefügt und der Bericht über Literatur zu schleswig-holsteinischer Geschichte und Landeskunde erhielt einen festen Platz. Auch aufgrund dieser Veränderungen kann generell von einer „Verwissenschaftlichung" der Zeitschrift und damit der Arbeit der Gesellschaft gesprochen werden. In diesem Sinne als auffällig bezeichnet werden kann, dass die Artikel zunehmend begleitet wurden von einem umfassenden Anteil von Anlagen und Anmerkungsapparaten.

Ab 1926 schlägt sich diese so genannte Verwissenschaftlichung auch in der Organisation der wissenschaftlichen Arbeit des Vereins nieder. Die Liste der geplanten Projekte wird immer größer und damit der Anteil der aktiven Mitglieder. Diese Umstrukturierung ist jedoch nicht allein Volquart Pauls zuzuschreiben, sondern ebenso Karl Alnor. Dieser hatte der Gesellschaft in einem Brief an die Vorstandsmitglieder eine schwere Krise attestiert und zur Lösung einige Vorschläge zur Umstrukturierung gemacht. Im Vordergrund dieser Umstrukturierung stand die Absetzung Ahlmanns als Vorsitzender, der laut Alnor durch Otto Scheel, den Inhaber des Lehrstuhls für Landesgeschichte, ersetzt werden sollte. In einer „intime[n] Bundesgenossenschaft"[183] könne dieser die Gesellschaft für Schleswig-Holsteinische Geschichte mit dem Verein für schleswig-holsteinische Kirchengeschichte verbinden und damit die landesgeschichtliche Forschung institutionell vereinen. Der Bankier Ludwig Ahlmann unterstützte die Gesellschaft wohl hauptsächlich finanziell und durch seine einflussreichen Kontakte. Ebenso wie die Vorstandsmitglieder Richter und Rodenberg. Alle drei sollten nach Alnors Vorschlag aus dem Vorstand zurücktreten und doch weiterhin „mit ihrem ganzen Einfluss und ihren Namen sichtbar hinter die Gesellschaft treten und deren Schlagkraft [...] verbreitern"[184]. Die Arbeit im Vorstand aber sollte „sachkundigeren" Männern überlassen werden. Zum Teil wurden die Vorschläge Alnors umgesetzt, allerdings wurde niemand, wie von ihm empfohlen, aus dem Vorstand entlassen, sondern die maximale Mitgliederanzahl von neun auf 15 erhöht.[185] Auch die „Bundesgenossenschaft" mit dem Verein für schleswig-holsteinische Kirchengeschichte wurde abgelehnt oder kam nicht zustande.

Jedoch werden ab 1925 eine Reihe verschiedener Ausschüsse beziehungsweise Projekte in den Jahresberichten für die Geschäftsjahre 1924 bis 1927 genannt, in denen Interessierte und kompetente Fachkräfte zu bestimmten Themen arbeiteten, die möglicherweise aus den Vorschlägen Alnors resultierten: Zunächst sind hier die Arbeitsgruppen zu nennen, die die klassischen Publikationsorgane der Geschichtsgesellschaft, die ZSHG und die „Quellen und Forschungen" bearbeiteten. Ein weiteres Projekt stellte das Siegelwerk dar, von denen der erste der drei geplanten Bände über die mittelal-

---

183 LAS Abt. 397, Nr. 35, Brief Alnors an den Vorstand der Gesellschaft vom 31. Oktober 1925, S. 3.
184 Ebd.
185 LAS Abt. 397, Nr. 2, Protokoll zur Mitgliederversammlung am 17. November 1925; hier wurde Folgendes beschlossen: „Der Vorstand besteht aus 9 bis 15 Mitgliedern der Gesellschaft. Jedes Vorstandsmitglied wird auf 3 Jahre gewählt. Jedes Jahr scheidet ein Drittel der Vorstandsmitglieder aus. Für die erste Wahlperiode bestimmt das Los die ausscheidenden Mitglieder. Wiederwahl ist zulässig."

terlichen Siegel Schleswig-Holsteins Ende der 1920er Jahre fertig gestellt und veröffentlicht werden konnte.[186] Eine Arbeitsgruppe bildete sich zur „archäologische[n] Landesaufnahme von Schleswig-Holstein" unter der Leitung von Dr. Alfred Tode, dessen Ergebnisse ebenfalls über die Gesellschaft veröffentlicht werden sollten. Zudem wird über das Urkundenbuch berichtet und die schon erwähnte Gründung des „Ausschusses für familiengeschichtliche Forschung" bekannt gegeben. Weitere Arbeitsgruppen sind der „Ausschuß für historische Landeskunde", der Vorarbeiten für eine Erfassung der Topographie der „Herzogtümer" leisten soll, der Ausschuss für die Vorbereitung einer schleswig-holsteinischen Biographie sowie der „Ausschuss für Archivpflege". 1928 kamen weitere Projekte hinzu. Hier vor allem Pauls wichtigstes Projekt, das der Schleswig-Holsteinischen Landesgeschichte, die 1933 zur Hundertjahrfeier erscheinen sollte.[187]

3.3 Programmatisches Ringen

Ein „programmatisches Ringen" innerhalb des Geschichtsvereins entzündete sich vor allem an der Funktion, die die Zeitschrift der Gesellschaft für Schleswig-Holsteinische Geschichte in dem sich neu formierenden Schleswig-Holstein der Nachkriegszeit einnehmen sollte. Nicht nur die Vorstandsmitglieder, sondern auch einfache Mitglieder der Gesellschaft, zeigten auf mehr oder weniger deutliche Weise, welche Inhalte und welche politische Stoßrichtung vermittelt werden sollte. Es handelte sich nicht nur um ein Ringen zwischen verschiedenen politischen Lagern, sondern um eine zum Teil sehr subtil geführte Debatte darüber, welche politische Wirksamkeit Schriften einer historisch ausgerichteten Zeitschrift zukommen sollte. So werden hier die Haltungen deutlich, die das Spektrum ausloten, inwieweit eine Verbindung zwischen wissenschaftlicher Tätigkeit und politischen Bekenntnissen möglich sind und sein sollten.

Während es zu Beginn in der von Paul von Hedemann-Heespen ausgelösten Debatte noch um die grundsätzliche Frage nach der Positionierung Schleswig-Holsteins in einem neuen Deutschland ging, tritt Anfang der 1920er Jahre Karl Alnor in den Mittelpunkt des Interesses, der ein deutlicheres Verhältnis im „Grenzkampf" mit Dänemark forderte.

3.3.1 Anti-preußischer Separatismus

Wie oben bereits dargelegt, wurde in der Zeitschrift der Gesellschaft vor dem Ersten Weltkrieg eine preußen-freundliche Haltung an den Tag gelegt.[188] Dies änderte sich mit der Vertretung des Schriftführeramtes durch Hedemann-Heespen während des Krieges. In den letzten Kriegsjahren nutzte er die Zeitschrift dann sogar dafür, seine

---

186 Karl Boie: Die mittelalterlichen Siegel Dithmarschens (Schleswig-holsteinische Siegel des Mittelalters 1), Kiel 1926.
187 Vgl. zu den verschiedenen Ausschüssen die Berichte darüber in den Jahresberichten der Gesellschaft: Volquart Pauls: Nachrichten über die Gesellschaft, in: ZSHG 55 (1926), S. 633ff., in: ZSHG 56 (1927), S. 640ff. und in: ZSHG 57 (1928), S. 640ff.
188 Vgl. Kunz: Verortete Geschichte, 307ff.

Vorstellungen davon, wie Schleswig-Holstein nach dem Krieg staatsrechtlich umgestaltet werden müsste, öffentlich zu machen. Passagen aus zwei Artikeln Hedemann-Heespens, „Schleswig-Holstein und der Zusammenbruch der Neuzeit"[189] und „Die politischen Grundzüge in der Geschichte der holsteinischen Verwaltung"[190], die 1918 und 1919 in den Bänden der Zeitschrift erschienen sind, waren Auslöser einer innergesellschaftlichen Auseinandersetzung, die bis 1923 anhalten sollte.

Polemisch beschreibt Hedemann-Heespen 1918, wie das Schicksal der Herzogtümer durch die Annexion Preußens ins Negative gewendet wurde. Preußenkritisch merkt er an, dass Schleswig-Holstein die „Rechtseinheit" mit Preußen „mit minderwertigen, auf den halbslavischen Osten berechneten Maßregeln"[191], erkauft hätte. Demnach müsse Schleswig-Holstein sich aus dieser zwanghaften Gemeinschaft lösen. In diesem Sinne entwirft Hedemann-Heespen ein Bild davon, wie die Zukunft der Provinz gestaltet werden müsste:

> „Denn es ist nicht fraglich, dass die Herzogtümer sich aus jener Bahn jetzt leichter wieder emporarbeiten würden, wenn es ihnen vergönnt wäre, sich in einem eigenen, kleinen Rahmen wieder innerlich zu sammeln: Kleine Kreise! Vom Rande her! Vielleicht nur mit Nachbarhülfe! Ich habe gezeigt, wie reich die Elemente, von denen der Wiederaufbau unseres Volkstums abhängt, gerade in den Herzogtümern vorhanden oder doch noch unverschollen sind. […] Nur in kleinen wesenseinheitlichen Gebilden können wir wieder genesen. Beruf und Heimat werden unsere Retter sein."[192]

Hier klingt neben der Loslösung aus dem Verbund mit dem Deutschen Reich auch die Hinwendung zur näheren Umgebung, zur „Heimat" an, die nach dem Krieg für viele Menschen als heilsam empfunden wurde. Bei Hedemann-Heespen gerät diese „Rückbesinnung" auf die Heimat jedoch zu einem separatistischen Programm. Dieser Eindruck wird in der Abhandlung über die holsteinische Verwaltung noch verstärkt, wenn hier die im 19. Jahrhundert von Preußen angestrebte Vereinigung Deutschlands zu einem deutschen Kaiserreich noch damit gerechtfertigt werden, dass es Preußens Aufgabe gewesen sei, mit einer starken Staatsmacht als „straffe[r] Grenzmacht gegen das nach Westen noch halbnomadisierende Slaventum zu halten"[193]. Mit dem Zusammenbruch des Russischen Reiches habe Preußen jedoch seine Aufgabe erfüllt und so sei sein „begründetes Recht zur gewaltsamen Zentralisation unter einem halbslavischen Mittelpunkt erloschen"[194]. Folglich käme es nun Schleswig-Holstein zu, die lang ersehnte Eigenständigkeit zu erhalten.

1920 kam es in der jährlichen Mitgliederversammlung zu einer Auseinandersetzung. Auf der Sitzung am 26. April 1920 wurde aus den Reihen der Mitglieder, namentlich von Herrn Karl Strackerjahn[195], eine „Erklärung gegen die Beteiligung Herrn

---

189 Paul von Hedemann-Heespen: Schleswig-Holstein und der Zusammenbruch der „Neuzeit", in: ZSHG 48 (1918), S. 391-397.
190 Ders.: Die politischen Grundzüge in der Geschichte der holsteinischen Verwaltung, in: ZSHG 49 (1919), S. 264-277.
191 Hedemann-Heespen: Zusammenbruch der „Neuzeit", S. 396.
192 Ebd., S. 396f.
193 Hedemann-Heespen: Grundzüge, S. 276.
194 Ebd.
195 Karl Eginhard Strackerjahn (1854-1921), in dem Sitzungsprotokoll vom 2. April 1921 als „hochverdienter Nordmarkkämpfer" beschrieben, war Redakteur und freier Journalist in Flens-

v. Hedemanns am Redaktionsausschuss" verlesen, der sich offensichtlich mehrere Mitglieder angeschlossen hatten.[196] Dieser Erklärung gegen Hedemann-Heespen liegt weniger eine Forderung nach „objektiverer" Wissenschaft zugrunde, als grundsätzlich politisch gegensätzliche Haltungen. Strackerjahn, der durch seine Agitation in der deutsch-dänischen Grenzfrage bekannt wurde, kann allgemein eine preußische Gesinnung zugesprochen werden, die daher mit den von Hedemann-Heespen in seinen Schriften vertretenen Positionen kollidierten.[197]

Zunächst hatte der damalige Schriftführer, der Geschichtsprofessor Arnold Oskar Meyer noch Verantwortung für die Artikel und ihren Autoren übernommen, um Geschlossenheit im Vorstand der Gesellschaft zu demonstrieren und brachte so ebenfalls einige Mitglieder gegen sich auf.[198] Trotz der nach außen demonstrierten Loyalität gegenüber Hedemann-Heespen sind sich Meyer und der ihm seit 1921 auf dem Posten des Schriftführers folgende Volquart Pauls immer einig gewesen, dass die Schriften eine zu starke „politisierende Tendenz" enthielten, um noch als rein wissenschaftlich gelten zu können. Mit dieser Formulierung urteilte Meyer 1933 über die Artikel Hedemann-Heespens in einem Brief an Pauls.[199] Dieser schloss sich der Auffassung an

---

burg und Hadersleben, der sich mit seinen Schriften in den Dienst der deutschen Ansprüche im Nationalitätenkonflikt in Nordschleswig stellte. Um die Tendenz seiner Schriften anzudeuten, sei an dieser Stelle aus der Tonderschen Zeitung zitiert, die ihm am 19. April 1919 einen Artikel widmete und ihn als „eine[n] der wackersten, ja der wackerste Verfechter des Deutschtums unseres jetzt so heiß umstrittenen Heimatlandes" bezeichnet und ihn dafür rühmt, dass er „als freier Schriftsteller die Feder lediglich für die deutsche Sache unserer Nordmark geführt hat." Seine Schriften hätten als „bedeutsame Beweisstücke die Maulwurfsarbeit der dänischen Irredenta aufs schärfste beleuchte[t], [und er habe] einen erfolgreichen Kampf gegen das deutschfeindliche Treiben und die verhetzende, zersetzende Tätigkeit der dänischen Parteiführer in vorderster Frontreihe tapfer ausgefochten." Zu finden in LAS Abt. 399.57, Nr. 12, Zeitungsausschnitte über Karl Strackerjahn 1895-1921.

196 LAS Abt. 397, Nr. 2, Protokoll der Mitgliederversammlung vom 26. April 1920, darin heißt es: „Herr Strackerjan verliest eine Erklärung gegen die Beteiligung Herrn v. Hedemanns am Redaktionsausschuss. Er rügt die Aufnahme des Artikels ‚Die politischen Grundzüge der Verwaltung Schleswig-Holsteins' in dem letzten Band der Zeitschrift. Der Schriftführer erwidert und übernimmt die Verantwortung für den Artikel, obwohl ihm dieser durch Herrn v. Hedemann-Heespen, dem Herausgeber der Zeitschrift, vor dem Druck nicht vorgelegt worden ist. Er verliest eine weitere Erklärung gegen Jellineks Artikel über Albert Haenel."
197 Vgl. zu Strackerjahns preußischer Gesinnung vor allem die Sammlung seiner Schriften in seinem Nachlass: LAS Abt. 399.57, bes. Nr. 223 Zeitungsausschnitte über die Verdienste Preußens, Nr. 216 Zeitungsausschnitte über die Köllerpolitik, Nr. 218 Zeitungsausschnitte über die deutsche Nordmarkpolitik u.a.
198 Vgl. LAS Abt. 397, Nr. 2, Protokoll der Mitgliederversammlung vom 26. April 1920. Seine Situation erklärt in einem Brief an die Vorstandsmitglieder: „Ich würde am liebsten den Vorstand gebeten haben, schon jetzt Herrn Pauls an meine Stelle zu setzen, kann mich aber jetzt nicht dazu entschließen, weil der Ihnen bekannte Vorstoß des Herrn Strackerjahn gegen Herrn v. Hedemann und mich in der letzten Mitgliederversammlung mir einen Rücktritt zu diesem Zeitpunkt zu verbieten scheint. Es würde sonst vor der Mitgliederversammlung der Anschein erweckt werden, daß ich nicht aus den oben aufgeführten sachlichen Gründen zurückträte, sondern vor Herrn Strackerjahn kapitulierte – ein Eindruck, den ich ebenso um der Gesellschaft wie um meiner selbst willen zu vermeiden wünsche." LAS Abt. 397, Nr. 86, Brief Meyers an den Vorstand vom 12. Juni 1920.
199 LAS Abt. 397, Nr. 52, Brief Meyers an Pauls vom 3. Februar 1933.

und artikulierte dies fast identisch in seiner Schrift zur Hundertjahrfeier der Gesellschaft.[200]

Hedemann-Heespen war sich der Tendenz und der möglichen Wirkung, die seine Artikel auslösen würden sehr wohl bewusst und thematisierte deshalb diese Veröffentlichung in den Anmerkungen zu „Schleswig-Holstein und der Zusammenbruch der Neuzeit". Denn hier gibt er zu, dass man darüber streiten könne, „ob Betrachtungen wie obige in eine geschichtswissenschaftliche Zeitschrift gehören."[201] Dennoch entschied er sich für die Veröffentlichung in der ZSHG, ohne jedoch seine Aufsätze vorher dem Redaktionsausschuss zur Prüfung vorzulegen.

Dies führte zu einer zunächst internen Auseinandersetzung zwischen Hedemann-Heespen und Meyer, die von ersterem durch einen Artikel im Rendsburger Tageblatt in die Öffentlichkeit transportiert wurde, in dem er Meyer öffentlich beleidigte und Unfähigkeit als Schriftführer der Gesellschaft vorwarf.[202] Obwohl der Vorstand Hedemann-Heespen auf diese Beleidigungen hin dazu aufforderte aus dem Vorstand auszuscheiden, ließ sich dieser zunächst nicht zum Rücktritt bewegen, wurde aber in Folge dessen auf der satzungsgemäßen Vorstandswahl vom 20. Mai 1922 nicht wiedergewählt.[203] Diese Streitigkeiten hatten wiederum weitere Mitglieder über die Arbeit der Vereinsführung aufgebracht.[204] Mehrere Zeitungsartikel in schleswig-holsteinischen Tageszeitungen berichteten über die vereinsinternen Differenzen. So schreibt das Rendsburger Tageblatt am 8. Juli 1923, dass sich die Mitglieder mittlerweile in zwei „Lager" geteilt hätten, von denen das eine sich um den Vorstand ranke, ein zweites um Hedemann-Heespen.[205] Ein Beispiel dieser Gruppe ist Karl Alnor, der aus diesem Grund seine Wahl in den Vorstand auf der Mitgliederversammlung am 16. August 1923 abgelehnt hatte. Dazu veröffentlichte er den Brief an Pauls, in dem er diesem die Gründe für seine Ablehnung darlegte, im Rendsburger Tageblatt. Er bekennt, dass er unzufrieden damit sei, „was der Vorstand im Laufe der letzten beiden Jahre hinsicht-

---

200 Pauls: Hundert Jahre, S. 195.
201 Hedemann-Heespen: Zusammenbruch der „Neuzeit", S. 397.
202 In dem Artikel äußert sich Hedemann-Heespen negativ über den Schriftführer Meyer, indem er ihm vorwirft als Sekretär der Gesellschaft versagt zu haben, da unter seiner Führung die Zeitschrift unzureichend ausgestattet gewesen sei, er den wissenschaftlichen Nachwuchs nicht zu landesgeschichtlichen Arbeiten angeregt hätte und sowohl Vorträge als auch Wanderveranstaltungen nicht ausreichend befördert hätte. Unter Meyers Leitung hätten „Weihrauch, Eigenlob und Aufdringlichkeit, diese leidigen östlichen Eigenschaften", in der Gesellschaft einen breiteren Raum eingenommen als „ihn unser Volkscharakter kennt." Wortlaut des Zeitungsberichts, den wahrscheinlich Hedemann-Heespen am 2. April 1921 anonym im Rendsburger Tageblatt veröffentlichte. Hier zitiert nach einem Brief des Vorstands der Gesellschaft an die Mitglieder der Gesellschaft wahrscheinlich aus dem Sommer 1923, LAS Abt. 371, Nr. 707.
203 Ebd., Brief des Vorstands an die Mitglieder ohne Datum, wahrscheinlich jedoch aus dem Sommer 1923.
204 Aus dem Protokoll der Mitgliederversammlung vom 16. August 1923 geht hervor, dass eine Flensburger Gruppe um Herrn Dr. Hähnsen dem Vorstand einen Beschwerdeadresse überreichte, mit der Bezeichnung Flensburg den 10. August 1923, welche von 19 Mitgliedern unterschrieben worden war. Vgl. LAS Abt. 397, Nr. 2.
205 Vgl. „Nochmals die Gesellschaft für Schleswig-Holsteinische Geschichte", in: Rendsburger Tageblatt vom 8. Juli 1923.

lich der inneren Gegensätze in der Gesellschaft getan und gelassen hat"[206]. Seiner Meinung nach basierten die Spannungen auf unterschiedlichen Auffassungen „zu der geschichtlichen Entwicklungen unseres Heimatlandes seit dem Einbruche Preußens in seine Bezirke"[207]. Der Vorstand habe nun laut Alnor darin versagt, einer „sachliche[n], geistig-wissenschaftliche[n] Auseinandersetzung die Wege zu ebnen."[208] Nun machte sich der Einfluss der Provinzialverwaltung bemerkbar, denn durch die mediale Aufmerksamkeit gelangte die Angelegenheit bis zu dem Landeshauptmann der Provinz, der sich daraufhin an die Gesellschaft wandte und bat die Differenzen so schnell wie möglich zu beseitigen. Dazu sei es seiner Meinung nach notwendig, die verschiedenen Ansichten einer älteren und einer jüngeren Generation innerhalb der Gesellschaft beiderseits anzuerkennen und in die Arbeit des Vereins zu integrieren.[209] Umzusetzen sei dies, indem einerseits Neuwahlen des Vorstands nach dem Verhältniswahlrecht durchgeführt würden, wodurch jedes „Lager" im Vorstand vertreten sei. Andererseits, hier lehnt er sich an Alnors Anregung an, könne der Konflikt dadurch beigelegt werden, dass „die Entwicklung der neuesten Geschichte der Provinz, wie sie Krieg und Nachkriegszeit nun einmal mit sich gebracht haben", zum Gegenstand „objektiver Forschung" gemacht werden.[210] Der Brief des Landeshauptmann zeigt das Interesse und die Bedeutung, die die Gesellschaft im öffentlichen Leben und für die Provinz einnahm, insbesondere, wenn er an Ahlmann appelliert, „daß der Verein, der so große Aufgaben für die Provinz Schleswig-Holstein zu erfüllen hat, wieder zu seinem alten Ansehen gelangen muß"[211].

Der Vorstand des Geschichtsvereins wies sowohl die Vorwürfe als auch den Vorschlag einer Neuwahl des Vorstands ausdrücklich von sich, und versicherte in Bezugnahme auf die wissenschaftliche Tätigkeit der Gesellschaft, dass das Thema in Form von „wissenschaftlich begründeten, rein sachlichen Erörterungen [der] Aufnahme in unsere Gesellschaftspublikationen"[212] nicht verschlossen wäre. Mit dieser Verteidigung der wissenschaftlichen Beurteilung aller Themengebiete und der Ablehnung der „politisierenden Tendenzen" Hedemann-Heespens gab die Gesellschaft klar zum Ausdruck, dass sie auf eine politische Tätigkeit auf Kosten der Wissenschaftlichkeit verzichtet. Differenzen wurden verneint. Zur Verteidigung wurde einerseits auf das Zerwürfnis mit Hedemann-Heespen Bezug genommen, der sich als illoyal gegenüber dem Vorstand gezeigt habe. Andererseits auf Karl Alnor, der dadurch Aufsehen erregt hatte, dass er die Wahl in den Vorstand ablehnte und seine Stellungnahme dazu an die Presse gab. Der Schriftführer weist hier aber ausdrücklich darauf hin, dass die Differenzen mit Karl Alnor beigelegt seien, da es sich um ein Missverständnis gehandelt

---

206 „Zu den Auseinandersetzungen in der Gesellschaft für Schleswig-Holsteinische Geschichte. Erklärung Dr. Alnors über die Geschichte der Ablehnung der auf ihn gefallenen Wahl in den Vorstand", in: Rendsburger Tageblatt, vom 2. September 1923.
207 Ebd.
208 Ebd.
209 Vgl. LAS Abt. 371, Nr. 707, Brief des Landeshauptmann Kürbis an Ludwig Ahlmann in seiner Funktion als Vorsitzender der Gesellschaft, vom 30. April 1930.
210 Ebd.
211 Ebd.
212 LAS Abt. 397, Nr. 27, Brief des Vorstandes an den Landeshauptmann, vom 13. Mai 1924.

habe. Alnor habe seine Aussagen jedoch intern widerrufen, nahm seine Wahl in den Vorstand an und brachte sich aktiv in die Gestaltung der Vereinsarbeit ein.

Der Streit mit Hedemann-Heespen setzte sich schließlich so weit fort, dass sich die Gruppe um den Gutsbesitzer von der Gesellschaft abspaltete. Zu Paul von Hedemann-Heespen gesellten sich der schleswig-holsteinische Kunsthistoriker Harry Schmidt sowie der Historiker Otto Brandt. Als Organ dieses Kreises wurde die Zeitschrift „Neuelbingen" gegründet.[213] Die Gesellschaft fühlte sich durch die Gruppe in ihrer wissenschaftlichen Tätigkeit bedroht. Alnor vermutete sogar, dass es nicht nur das Ziel dieser „Opposition" sei möglichst viele Bereiche der schleswig-holsteinischen Geschichtsforschung an sich zu binden, sondern auch der Gesellschaft die Aufgabengebiete zu entziehen. Aus diesem Grund machte er dem Vorstand der Gesellschaft für Schleswig-Holsteinische Geschichte Vorwürfe, da dieser einer konkurrierende Gruppe auf dem Gebiet der historischen Forschung des Landes Vorschub geleistet habe, denn: Sollte es der Gruppe gelingen, eine historische Kommission für die Provinz zu gründen, leiste die GSHG ihr insofern zu dem Gelingen dieses Vorhabens Beihilfe, als sie die für die schleswig-holsteinische Geschichte notwendigen Aufgaben nicht wahrnehme, da sie in den alten Vorstellungen verhaftet bliebe. „Bei der Beharrung im jetzigen Zustand und bei den bisherigen Methoden wird die historische Kommission zur persönlichen und sachlichen Verblutung der Gesellschaft führen."[214]

Einen Ausweg aus dieser Lage sieht Alnor nur in einer weitgreifenden Umstrukturierung des Vorstandes und einer schnellen Aufnahme verschiedener, für die Provinz notwendiger Arbeiten.[215] Trotz oder gerade wegen dieser Nachdrücklichkeit, mit der

---

213 Sowohl Brandt als auch Hedemann-Heespen waren wissenschaftlich außerordentlich rege, denn beiden gelang es Mitte der 1920er Jahre Überblickswerke über die Geschichte Schleswig-Holsteins zu publizieren (Otto Brandt: Geschichte Schleswig-Holsteins. Ein Grundriß, Kiel 1925; Paul von Hedemann-Heespen: Die Herzogtümer Schleswig-Holstein und die Neuzeit, Kiel 1926.) – ein Projekt, welches bei der Gesellschaft noch der Planung und der Umsetzung harrte. Aus diesem Grund fühlte sich die Gesellschaft, die gerne ihren Anspruch auf die Bearbeitung der schleswig-holsteinischen Landesgeschichte geltend machte, bedroht. In einem Brief an den Vorstand der Gesellschaft schreibt Karl Alnor von einer historischen Kommission, in der sich die neu gebildete Gruppe zusammenfinden wollte. Es hat aber soweit es heute nachzuvollziehen ist, in den zwanziger Jahren keine historische Kommission in Schleswig-Holstein gegeben, sodass Alnors Einschätzung zutraf und die Gruppe möglicherweise zunächst lediglich versuchte möglichst viele Gleichgesinnte in einer Arbeitsgruppe zusammenzufassen. Alnor schreibt in gewohnt agitatorischem Duktus: „Die Opposition zieht ihre Arbeitskräfte vielmehr daraus, dass sie möglichst viel lebendige Kräfte zu persönlichen und sachlichen Bundesgenossen schafft, d.h., damit auch zur Arbeit zusammenschließt. Die Stellung von Harry Schmidt gibt dabei die Möglichkeit, die technische Leitung und Förderung dieser Arbeiten zu betreiben." LAS Abt. 397, Nr. 35, Brief Alnors an den Vorstand der Gesellschaft vom 31. Oktober 1925, S. 1f.
214 Ebd., S. 2.
215 Dabei machte er seine genauen Vorstellungen über die personelle Zusammensetzung des Vorstandes überaus deutlich und etwas unverfroren forderte er den Vorstand zum Handeln auf. So heißt es beispielsweise in Bezug auf Volquart Pauls, der als Schriftführer der Gesellschaft die Umstrukturierungen durchführen sollte: „Sollte Herr Dr. Pauls in diesem kritischen Augenblick sich nicht zu dieser entscheidenden Aktion entschließen können, so bin ich persönlich bereit, für ein Jahr das Schriftführeramt zu übernehmen, bis die Dinge wieder in ruhigen Geleisen laufen."

Alnor auf eine Erneuerung der Gesellschaft drängt, werden einige Vorschläge von dem Vorstand aufgenommen und die Anregungen zur einer Neuordnung der Gesellschaft umgesetzt. Dies zeigt sich in den Umstrukturierungen, die, wie oben bereits gezeigt, etwa um 1925 vorgenommen wurden.

3.3.2 Beteiligung am „Grenzkampf"?

Neben seinen Anregungen zur institutionellen Neuausrichtung der Gesellschaft, trat Alnor mit einer Denkschrift an die Mitglieder des Vorstandes heran, in der er ein erweitertes Programm für den Verein skizzierte.

Nach dem Ersten Weltkrieg wurde die schleswigsche Frage für die Schleswig-Holsteiner wieder aktuell, denn in den Versailler Friedensverträgen, wurde für Schleswig eine Volksabstimmung beschlossen und die Abstimmungsergebnisse ergaben, dass der nördliche Teil an Dänemark fiel, das südliche Schleswig bei Deutschland blieb.[216] Schon vor der Abstimmung hatten auf beiden Seiten der Grenze Propagandakämpfe stattgefunden, die die Bevölkerung für die Entscheidung zu der einen oder anderen Seite zu werben versuchten.[217] Ein Engagement seitens der Gesellschaft lässt sich in diesen stark politisierten Zeiten in Bezug auf die Abstimmung jedoch nicht ausmachen. Weder die Zeitschrift, noch andere Publikationen des Geschichtsvereins widmeten sich zwischen 1919 und 1920 dem „Abstimmungskampf".

Während die dänische Minderheit sich nach der Abstimmung mit ihrem Status innerhalb Deutschlands zufrieden gab, wurde das Ergebnis der Abstimmung in Deutschland als ungerecht und unrechtmäßig empfunden und so dauerte der Nationalitätenkonflikt an und kreiste nun um die deutsch-dänische Grenze.[218] Der deutschen Minderheit in Nordschleswig können „irredentistische" Tendenzen zugeschrieben werden, denn sie sah sich als Teil der „Volksdeutschen Gemeinschaft", von der sie durch die Abstimmung abgespalten worden waren. Daher forderten sie eine Revision der Grenzziehung, um mit dem „deutschen Volk" „wiedervereinigt zu werden."[219]

Von den aktiven Mitgliedern der Gesellschaft tritt vor allem Karl Alnor als Anhänger dieses „schleswigschen Irredentismus" auf, der allein den dänischen Vorschlag zu einer Abstimmung über die nationale Zugehörigkeit Schleswigs 1918 in seiner

---

LAS Abt. 397, Nr. 35, Brief Alnors an den Vorstand der Gesellschaft, vom 31. Oktober 1925, S. 1f.

216 Vgl. hierzu bspw. Kolb: Frieden, S. 63.
217 Eine Diskussion darüber, wie emotional oder sachlich die Werbung von deutscher und dänischer Seite durchgeführt wurde, geben die Arbeiten von Pohl und Klatt: Karl Heinrich Pohl: Demokratisches Schleswig-Holstein? Zur politischen Kultur bei den Volksabstimmungen im Jahre 1920, in: DG 10 (1996), S. 105-124; als kritische Erwiderung darauf: Martin Klatt: Nationale Volksabstimmung und demokratische politische Kultur - ein Widerspruch? Kritische Anmerkung zum Artikel von Karl Heinrich Pohl: „Demokratisches Schleswig-Holstein? Zur politischen Kultur bei den Volksabstimmungen 1920", in: DG 11 (1998), S. 291-298.
218 Vgl. Karl Christian Lammers: Konflikte und Konfliktlösungen in der deutsch-dänischen Nationalitätenfrage seit 1840: Der Fall Schleswig, in: Philipp Ther/ Holm Sundhausen (Hg.): Nationalitätenkonflikte im 20. Jahrhundert. Ursachen von inter-ethnischer Gewalt im Vergleich (Forschungen zur europäischen Geschichte 59), Wiesbaden 2001, S. 203-217, hier: S. 212.
219 Ebd.

1936 erschienenen Schrift „Schleswig und Versailles" als „chauvinistische Hochflut" und „Verbrechen der Völkerverständigung"[220] bezeichnet. Verantwortlich dafür, dass Schleswig zum Diskussionspunkt der Versailler Friedensverhandlungen wurde, sei laut Alnor vor allem der dänische Politiker Hans Peter Hanssen[221], dessen diplomatische Tätigkeit am Ende des Krieges von Alnor als „Landesverrat" bezeichnet wurde und „sowohl in die Geschichte des Dolchstoßes und der roten Revolte als auch in das Kapitel der der Kriegsschuldhetze gegen das deutsche Volk"[222] eingeordnet werden müsse. Als weiterer Grund dafür, dass sich die dänische Forderung nach einer Volksabstimmung in Versailles Gehör verschaffen konnte, wird in der schleswig-holsteinischer Fachliteratur der 1920er und der 1930er Jahre immer wieder der Vorsprung der dänischen historischen Forschung vor der deutschen genannt. So auch Karl Alnor in seiner Denkschrift über „Die Aufgabe der deutschen Wissenschaft in der schleswigschen Frage"[223], in der er feststellt:

> „Die Geschichte der Friedensverhandlungen von Versailles und der anderen Pariser Vorstadtfriedensverhandlungen hat die grosse Bedeutung der wissenschaftlichen Forschung und Darstellung der politischen Probleme gezeigt, die auf ihnen eine neue Entscheidung fanden."[224]

Denn die Bedeutung der wissenschaftlichen Forschung zeigt sich in dem „Verlust" Nordschleswigs, welcher auf folgende Entwicklungen zurückgeführt wird:

> „In Dänemark hat eine Arbeitsgemeinschaft von Politik und Wissenschaft schon seit Jahrzehnten bestanden und dem deutschen Grenzkampf außerordentlichen Abtrag getan. [...] Auf kein Gebiet hat sie sich schon seit zwei Jahrzehnten geworfen wie auf die wissenschaftliche Begründung der politischen und nationalen Ansprüche auf Schleswig. Ihr Ergebnis ist eine wissenschaftliche Literatur zur Grenzfrage, die auch dem Gegner hohe Bewunderung abnötigt. Sie ist von der politischen Propaganda umso erfolgreicher in den nationalen Kampf gestellt worden, als ihr von deutscher Seite so gut wie nichts entgegengestellt ist."[225]

Dänische Politiker seien von dänischen Historikern bestens für den Grenzkampf gerüstet worden, während den Deutschen nur mangelhafte Hilfsmittel an die Hand gegeben worden seien. So kommt Alnor zu dem Schluss, dass es die Aufgabe der schleswig-holsteinischen Geschichtsforschung sei, der dänischen Forschung die deutsche Sicht auf die historischen Entwicklungen entgegenzuhalten und den „Grenzkampf" mit Dänemark geschichtswissenschaftlich zu untermauern. In ähnlicher Weise

---

220 Karl Alnor: Schleswig und Versailles (Schriftenreihe zur Volkstumsarbeit 3), Kiel 1936, S. 9.
221 Hans Peter Hanssen (1862-1936): Dänischer Politiker, der von 1896 bis 1906 den Wahlkreis Apenrade-Sonderburg im preußischen Abgeordnetenhaus vertrat und von 1906 bis 1919 Mitglied des deutschen Reichstags war. Er trat nach dem Ersten Weltkrieg für eine deutschdänische Grenze entlang der "Clausen-Linie" ein. Vgl. Artikel: Hanssen, Hans Peter, in: Biographisches Staatshandbuch, Bd. 1, Bern 1963, S.385
222 Karl Alnor: Schleswig und Versailles, S. 12.
223 LAS Abt. 397, Nr. 35 Die Gesellschaft selbst; Allgemeines, dabei auch Schriftenaustausch 1922-1929; darin enthalten: Karl Alnor: Die Aufgaben der deutschen Wissenschaft in der schleswigschen Frage. Eine Denkschrift.
224 Ebd., S. 1.
225 Ebd., S. 5.

argumentierten volksgeschichtliche Forscher, wie Aubin[226] und Kötzschke[227]. In der von ihnen geprägten Volksgeschichte erwuchs der völkisch orientierte Nationalismus aus den Gebietsansprüchen im Westen und Osten Deutschlands. Ähnlich wie Alnor beanstandeten sie die mangelhafte Forschungslage über die deutschen Grenzgebiete. „Die deutschen Historiker und historischen Kartographen seien im Gegensatz zu ‚unseren Nachbarn und Feinden' auf die Pariser Vorortverhandlungen völlig unvorbereitet gewesen."[228]

Genau wie Alnor bezieht sich auch von Loesch auf den Verlust, den der Versailler Friedensschluss dem Deutschen Reich gebracht hätte. Dabei wird in seiner „Auflistung akademischer Defizite [laut Oberkrome] die antipolnische Stoßrichtung der künftigen Ostforschung erkennbar."[229] Karl Alnor schlägt eine ähnliche „Stoßrichtung" ein, doch antidänisch anstatt antipolnisch:

> „Die Wissenschaft hat vielmehr dem Gegner auf allen Gebieten mit den gleichen Waffen zu begegnen, deren er sich jeweils bedient. Historischen Ansprüchen wird die Wissenschaft auf dem Boden des historischen Rechts entgegengetreten; mit nationalen Forderungen wird sie sich auf dem Boden des nationalen Selbstbestimmungsrechts auseinandersetzen."[230]

Dennoch warnt er in seiner Denkschrift gleichzeitig vor dem Verlust der wissenschaftlichen Objektivität und beschreibt die Rolle der Geschichtswissenschaft in der Politik folgendermaßen:

> „Die Aufgabe der Wissenschaft wird sich in diesen Fällen auf die Bereitstellung der Forschungsergebnisse beschränken. Dadurch wird die Politik in den Stand gesetzt im Falle eines gegnerischen Angriffs sich über die Abwehrmöglichkeiten und –form schnell und gut zu unterrichten."[231]

Die Forschungsergebnisse unterlägen wissenschaftlichen Prinzipien, die es forderten, dass Geschichtswissenschaft es „immer nur mit der objektiven Erhellung des politischen Problems zu tun"[232] habe. Diese hehre Absicht wird jedoch im Anschluss wieder relativiert, wenn er diese „Objektivität" zwar auf die historische Forschung, aber nicht auf die Darstellung der Forschungsergebnisse bezieht.

---

226 Hermann Aubin (1885-1969), studierte in München, Freiburg, Bonn und Wien, promovierte 1910 in Bonn und habilitierte sich dort 1916. Vgl. Artikel: Aubin, Hermann, in: DBE, Bd. 1, München ²2005, S. 263.
227 Rudolf Kötzschke (1867-1949) studierte klassische Philologie, Geographie, Geschichte, Germanistik und Sanskrit in Leipzig und Tübingen. Lamprecht holte ihn 1894 an sein Institut in Leipzig. Kötzschke habilitierte sich 1899 an der Universität Leipzig, an der er bis zu seinem Tod im Jahre 1949 lehrte. Vgl. Artikel: Kötzschke, Rudolf, in: NDB, Bd. 12, München 1979, S. 415-416.
228 Willi Oberkrome: Entwicklungen und Varianten der deutschen Volksgeschichte (1900-1960), in: Manfred Hettling (Hg.): Volksgeschichten, S. 77.
229 Oberkrome: Volksgeschichte, S. 57.
230 LAS Abt. 397, Nr. 35, Alnor, Denkschrift, S. 6.
231 Ebd., S. 7.
232 Ebd.

„Angesichts der Notlage unseres Volkes und Staates muss von der Wissenschaft das Opfer verlang werden, auf die Veröffentlichung solcher wissenschaftlicher Erkenntnisse zu verzichten, die den nationalen Interessen schädlich sind oder werden können."[233]

Damit hebt er die von ihm postulierte „Objektivität" auf, indem „Wahrheiten" dadurch manipuliert werden, dass nur politisch nützliche Erkenntnisse einer Öffentlichkeit zur Verfügung gestellt werden.

Im Anschluss an diese programmatischen Thesen stellt Alnor eine Liste mit Themen auf, die die schleswig-holsteinische Geschichtsforschung dringlich zu bearbeiten habe, um den dänischen Anspruch auf Schleswig zu widerlegen. Dazu gehöre: Die Behandlung der ethnographischen Zusammensetzung Schleswigs, die schwedische Wikingerherrschaft, die Geschichte des Dannewerks, das Verhältnis Schleswigs zu dem Deutschen Kaiser und dem Deutschen Reich sowie die Kirchengeschichte des Herzogtums. Genauer beleuchtet werden sollten die Ereignisse von 1460 und die schleswig-holsteinischen Ständetage, das „Vordringen der deutschen Kultur" durch die Hanse und durch die Reformation sowie die Ereignisse von 1721 in Verbindung mit der Erbfolge. Für das 19. Jahrhundert stehe die Geschichte der dänischen Bewegung, der Erhebung und der Nationalitätenfrage auf dem Plan. Für das 20. Jahrhundert sei dringend eine Behandlung der Frage der nationalen Minderheiten, der nationalen Teilung und des Plebiszites erforderlich sowie eine Widerlegung der dänischen Behauptung des „Blutzolls", das Angehörige der dänischen Minderheit im Krieg für Deutschland bezahlt hätten.[234] Gerade hier fällt auf, dass es nicht Alnors Anliegen war, das Verhältnis zwischen Dänemark und Schleswig-Holstein zu untersuchen. Er wollte vielmehr die deutschen Ansprüche auf Schleswig untermauern und der dänischen Seite „Hetze und Propaganda" gegen Deutschland vorwerfen.

Inwieweit sich der Vorstand der Gesellschaft auf die Vorschläge Alnors einließ und ob seine Meinung betreffend einer Wissenschaft zur Untermauerung des deutschen Anspruchs auf ganz Schleswig von anderen Vorstandsmitgliedern geteilt wurde, ist aus den Akten der Gesellschaft nicht zu entnehmen. Aufschluss darüber können nur die Schriften der Gesellschaft geben, die im folgenden Kapitel anhand der ZSHG untersucht werden sollen.

3.4 Inhaltliche Ausrichtung – Die Zeitschrift der Gesellschaft für Schleswig-Holsteinische Geschichte

Die Positionierung der Gesellschaft im Schleswig-Holstein der Weimarer Republik soll in diesem Abschnitt anhand der Zeitschrift der Gesellschaft herausgearbeitet werden. Im Hinblick auf die Auswirkungen des politischen Wandels, auf den Geschichtsverein, werden hier in erster Linie Schriften behandelt, die revisionistische Ziele verfolgen könnten. Die Beiträge der Gesellschaft werden in zwei Abschnitten behandelt. Zunächst wird mit dem Blick auf die von Alnor in seiner Denkschrift aufgestellten geforderten Themenkomplexe, die traditionelle landesgeschichtliche Forschung auf

---

233 Ebd.
234 Vgl. ebd., S. 12-28.

ihre Ausrichtung auf den Grenzkampf geprüft. Des Weiteren wird auf die allgemeine deutsche Entwicklung in der Geschichtswissenschaft Bezug genommen, denn mit der „Volksgeschichte" hat sich in den 1920er Jahren ein Wissenschaftszweig entwickelt, der aufgrund seiner Tendenz zum Revisionismus nach dem Versailler Frieden Konjunktur machte. Nach einer Einführung in die Grundzüge der „Volksgeschichte", wird dazu übergeleitet, inwiefern sich die Gesellschaft dieser Forschungsmethode annahm.

3.4.1 „Traditionelle" Landesgeschichte im Zeichen des Revisionismus

Bei einem Blick auf die Themenliste der Zeitschrift hat es zunächst den Anschein, als sei die Liste Alnors weitestgehend in das Programm der Zeitschrift aufgenommen worden. Es finden sich Beiträge zur altnordischen Geschichte, zum Dannewerk, zur Reformation und besonders fällt der große Anteil Kirchengeschichtlicher Themen auf. Doch bei näherer Betrachtung zeigt sich, dass die meisten von ihnen nicht im Sinne des Grenzkampfs politisch genutzt werden sollten. So findet sich beispielsweise ein Artikel zur Reformationsgeschichte, der die „Reformation des adligen Klosters Preetz" behandelt, aber nicht das „Vordringen der deutschen Kultur" behandelt,[235] zudem zeitlich vor der Abstimmung erschienen ist. Des Weiteren wurden die Themen des 20. Jahrhunderts, die nationale Minderheit und die Abstimmung, überhaupt nicht behandelt. Auffällig ist die große Zahl der Beiträge, die die deutsch-dänischen Auseinandersetzungen Mitte des 19. Jahrhunderts betreffen, wie die Schleswig-Holsteinische Bewegung und Erhebung, den Deutsch-Dänischen und den Deutsch-Deutschen Krieg. Der Geschichte Schleswig-Holsteins im 19. Jahrhundert im Verhältnis zu Dänemark und Preußen kam also in der gesamten Weimarer Republik ein hoher Stellenwert zu. Der deutsch-dänische Konflikt, indem der aufkommende Nationalismus des 19. Jahrhunderts seinen Ausdruck fand, hatte hier seinen Ursprung und die genannten historischen Phänomenen und Ereignisse, die damit im Zusammenhang stehen, führten zu der Abstimmung 1920.[236] Denn die nationale Frage in Schleswig war immer verknüpft mit der Grenzfrage. Dies resultierte daraus, dass die Nordschleswiger „sich eher zu Dänemark gehörig [fühlten], während die Einwohner von Süd- und Mittelschleswig sich mehrheitlich als Schleswig-Holsteiner und damit Deutsche empfanden"[237]. Dies sollte 1920 endgültig auf der Grundlage des Völkerrechts entschieden werden. Die neue Grenze kann als angemessene Lösung angesehen werden, denn sie erfasste im Wesentlichen die „Grenze zwischen dänischer und deutscher Kultursprache und Kultur [und] bedeutete weitgehend eine Übereinstimmung von ‚ethnischem und plebiszitärem Befund'"[238]. Wie oben bereits erwähnt, wurde diese Grenze dennoch auf deutscher Seite als ungerecht empfunden. So auch von vielen Mitgliedern der schleswig-holsteinischen Geschichtsgesellschaft, die aus dem nationalen Gedanken

---

235 Friedrich Bertheau: Die Reformation des adligen Klosters Preetz, in: ZSHG 48 (1918), S. 196-253.
236 Lammers: Konflikte, S. 206ff.
237 Ebd., S. 207.
238 Ebd., S. 211.

hervorgegangen war und sich in der Tradition der Schleswig-Holsteinischen Bewegung sah.

Deutlich wird dies in den vielen biographischen Schriften, die um die 1920er Jahre herum in der Zeitschrift zu finden sind. Beispielhaft seien hier genannt: „Friedrich Christoph Dahlmanns politische Entwicklung bis 1848" von Hermann Christern, „Uwe Jens Lornsen. Eine historische Studie" von Karl Alnor und „Friedrich Mommsen und die Schleswig-Holsteinische Erhebung" von Volquart Pauls.[239] Die Behandlung dieser „großen" Schleswig-Holsteiner ist daher häufig gefärbt von überhöhten Zuschreibungen jenseits der historischen Ereignisse, mit denen die Persönlichkeiten im Zusammenhang standen. So heißt es beispielsweise über Friedrich Christoph Dahlmann:

> „Seine von [...] Verantwortungsfreudigkeit und Pflichtgefühl getragene Persönlichkeit [...] wurde zur Verkörperung der Kraft, die im deutschen Bürgertum lebte; ja Dahlmann gab unserm Bürgertum eigentlich erst das Bewusstsein seines politischen Wertes für den modernen Staat."[240]

Dahlmann wird hier die politische Emanzipation des Bürgertums zugeschrieben und damit wird er in eine Rolle gedrängt, die er, auch wenn er für die liberale und nationale Bewegung sicherlich einer der bedeutenderen deutschen Gelehrten und Politiker war, nicht ausfüllen kann. Daran zeigt sich aber der recht unkritische Umgang mit den schleswig-holsteinischen Geistesgrößen. Ähnliches weist auch Alnors Schrift zu Uwe Jens Lornsen auf. Sein Werk „Über das Verfassungswerk in Schleswigholstein"[241] wird von Alnor als „ein scharf geschliffener Diamant" bezeichnet, „dessen Leuchtkraft und Kanten die Meisterhand jedem empfänglichen Sinn unmittelbar offenbarten"[242]. Anhand dieser Schrift und auf Grund einer Aussage Theodor Olshausens[243] trifft Alnor die Aussage Lornsen sei zum „Volksredner geboren" und dass seine „Ziele nicht erreicht wurden, war die Schuld seiner Zeitgenossen, die ihm in einem erschütternden Umfange die Gefolgschaft versagten"[244]. „Es war Schleswig-Holsteins Verhängnis, daß es auf Lornsen nicht hören wollte"[245], äußert der Autor des Textes schließlich leidenschaftlich, ganz entgegen seines Postulats der „objektiven" Wissenschaft.[246] Zudem überhöht Alnor Lornsens Tat ebenso wie Hans Christern Dahlmanns,

---

239 Vgl. Hans Christern: Friedrich Christoph Dahlmanns politische Entwicklung bis 1848. Ein Beitrag zur Geschichte des deutschen Liberalismus, in: ZSHG 50 (1920), S. 147-392; Karl Alnor: Uwe Jens Lornsen. Eine historische-politische Skizze, in: ZSHG 54 (1924), S. 410-443; Volquart Pauls: Friedrich Mommsen und die Schleswig-Holsteinische Erhebung, in: ZSHG 58 (1929), S. 594-653.
240 Christern: Dahlmann, S. 149.
241 Uwe Jens Lornsen: Über das Verfassungswerk in Schleswig-Holstein, Kiel 1830.
242 Alnor: Lornsen, S. 420f.
243 Theodor Olshausen (1802-1869), Politiker und Redakteur, Anhänger der liberalen Bewegung und aus diesem Grund bis Ende der 1820er Jahre in Schleswig und Holstein politisch verfolgt. Er war maßgeblich an der Schleswig-Holsteinischen Erhebung beteiligt und Mitglied der Provisorischen Regierung. Daher wurde er von der Amnestie ausgeschlossen und verließ Deutschland 1851. Vgl. Siegrid Wriedt: Olshausen, Theodor, in: Biographisches Lexikon für Schleswig-Holstein und Lübeck, Bd. 7, Neumünster 1985, S. 156-161.
244 Alnor: Lornsen, S. 421.
245 Ebd., S. 440.
246 S. Kapitel 3.3.2.

indem er behauptet, man könne ihn „mit Recht als den Schöpfer des schleswig-holsteinische Gedankens" bezeichnen. Hier widerspricht sogar sein Zeitgenosse und Mitstreiter in der Gesellschaft wie in der landesgeschichtlichen Forschung, Volquart Pauls, der auf Alnors Urteil verweist und in seiner biographischen Skizze über Lornsen aussagt: „Aber nicht weniger greift in der Beurteilung Lornsens fehl, wer in ihm den Begründer oder Schöpfer des schleswig-holsteinischen Gedankens sehen möchte."[247]

Dieser Widerspruch den Pauls hier einlegt, ist ein Beispiel dafür, dass die Inhalte der Zeitschriftenaufsätze sehr divergieren und keineswegs eine einheitliche programmatische Ausrichtung oder ein gleiches wissenschaftliches Niveau aufweisen. So gelingt Pauls Darstellung sehr viel differenzierter und ausgewogener, aber auch er kann sich einem gewissen Pathos nicht entziehen, wenn er die Nachwirkung von Lornsens Tat beschreibt:

„Mochte auch Lornsen fallen, zwar nicht als Kämpfer ohne Schwert, wohl aber als Feldherr ohne Heer, mochte ihm das Land, die Ritterschaft, die Beamten und das Volk zunächst die Gefolgschaft versagen, die Fackel aber, die er angezündet, leuchtete fort."[248]

Die Ausprägung der Bewunderung, die den Persönlichkeiten, die die Schleswig-Holsteinische Bewegung im 19. Jahrhundert mittrugen, von Seiten der schleswig-holsteinischen Landesgeschichtsforscher des 20. Jahrhunderts zukommt, variiert. Dennoch wird ihnen in keinem der Aufsätze, sei er auch noch so sachlich gehalten, die Anerkennung versagt. So auch in Pauls Einführung mit der er Mommsens Stellungnahme zu dem Ausschluss der Amnestie, die allen Mitgliedern der Provisorischen Regierung während der schleswig-holsteinischen Bewegung verwehrt blieb, einleitet. In Mommsens Schrift würden „in eindrucksvoller Weise die Gedanken und Empfindungen wieder[gegeben], von denen die führenden Männer von 1848 beseelt waren, als sie zum Schutz der Landesrechte aufriefen."[249]

„So ist die Darstellung in ihrer ruhigen und sachlichen Form, die sich von jeder Schmähung des Gegners fernhält, aber von einem tiefen sittlichen Ernst getragen ist, ein lebendiges Zeugnis der Rechtsauffassung, die nicht nur Mommsen beherrschte, sondern allgemein im Lande war."[250]

Die biographischen Aufsätze enthalten keine aufdringlichen revisionistischen Phrasen und sind deshalb nicht als „Grenzkampfschriften" zu beurteilen. Dennoch zeigt sich die überdauerte Bejahung des schleswig-holsteinischen Gedankens, der ein ungeteiltes Schleswig enthält und damit eine Kritik an der schleswigschen Teilung durch die Abstimmung impliziert.

---

247 Volquart Pauls: Uwe Jens Lornsen und die Schleswig-Holsteinische Bewegung, in: ZSHG 60 (1931), S. 437.
248 Ebd., S. 450.
249 Pauls: Mommsen, S. 596.
250 Ebd.

3.4.2 Volksgeschichtliche Tendenzen in der Zeitschrift der Gesellschaft

Um weitere Inhalte der Zeitschrift der Gesellschaft für Schleswig-Holsteinische Geschichte in angemessener und ihrer Zeit entsprechenden Art und Weise einordnen zu können, soll im Folgenden zunächst ein kurzer Einblick gegeben werden in die Tendenzen die sich nach dem Ersten Weltkrieg in der Geschichtswissenschaft und insbesondere in der landesgeschichtlichen Forschung Deutschlands durchzusetzen begannen.

Die Kriegsniederlage und der Versailler Vertrag, wurden von vielen als „nationale Demütigung" empfunden. Vor allem die Gebietsabtretungen regten laut Oberkrome die Geschichtsschreibung zu einem Umdenken an, das sich nun am „Volkstum"[251] orientierte, einer „unklar bestimmten [...] Entität, aus deren unverbrauchten Quellen die Mittel zur Restitution der deutschen Machtposition in Europa geschöpft werden sollten."[252] Laut Hettling diente der Begriff des Volkes, insbesondere in Bezug auf Deutschland, als Kompensationsbegriff, der eine fehlende oder als unzureichend empfundene staatliche Ordnung ersetzen sollte.[253]

> „Die in der Wahrnehmung der Zeitgenossen um 1800 noch nicht erlangte politische Einheit ebenso wie die 1918 reduzierte territoriale Größe erschienen als Zweck für den Volk als Mittel fungieren sollte."[254]

Volk, in diesem Sinne, stellt also eine Größe dar, die sich über staatliche Grenzen hinweg orientierte, da diese nicht als deckungsgleich mit dem „Siedlungsraum der ‚Deutschen'"[255] empfunden wurden. Diese territorialen Fragen führten dann zu der Idee, dass sich die „Kontinuität des Volkes"[256] über die staatlichen Grenzen hinaus erstreckte.

Damit trat der Begriff des „Volkstums" in Erscheinung, der Zugehörigkeitskategorien umfasste, die die Gemeinsamkeiten eines „deutschen Volkes" außerhalb einer staatlichen Gemeinschaft beschreiben konnte. Um das „Volkstum" in den Blick zu nehmen, bedurfte die historische Forschung neuer Methoden beziehungsweise musste sich interdisziplinär orientieren. Zu den Gebieten, derer sich die „Volkstumsforschung" bediente, gehörten historische Geographie, Kultur-, Wirtschafts- und Verfassungsgeschichte, Namensforschung, Statistik, besonders Ansätze zu bevölkerungsstatistischen Erhebungen, und Soziologie sowie Dialekt-, Flurformen-, Siedlungs- und Ortsnamenuntersuchungen.[257]

Als „tradierte Formen" historischer Forschung, die laut Oberkrome zum Teil von der „innovativen" Volksgeschichte abgelöst wurde, wird die Art der Geschichtsschreibung bezeichnet, die Themen behandelte wie „Haupt- und Staatsaktionen, die ver-

---

251   Oberkrome: Volksgeschichte, S. 22f.
252   Ebd., S. 23.
253   Vgl. Manfred Hettling: Volk und Volksgeschichte in Europa, in: ders.: Volksgeschichten, S. 7-37, hier: S. 12.
254   Ebd.
255   Ebd., S. 13.
256   Ebd., S. 34.
257   Vgl. Oberkrome: Volksgeschichte, S. 35, 36.

schlungenen Wege der partikularstaatlichen Diplomatie oder die Lebensgeschichten bedeutungsloser Duodezfürsten"[258]. Doch auch auf diesen Gebieten habe sich in der Weimarer Republik die Historik vielfach das Ziel gesetzt, „die Fragwürdigkeit der Pariser Vorortverträge zu beweisen"[259]. Bezieht man diese Erkenntnisse über die Geschichtswissenschaft nach dem Ersten Weltkrieg auf die Arbeit der Gesellschaft für Schleswig-Holsteinische Geschichte, dann stellt sich die Frage, ob diese wichtigste Neuerung auf dem Gebiet der landesgeschichtlichen Forschung auch in den Schriften des Geschichtsvereins umgesetzt wurde. Man sich also hier dieser „modernen" Methode bediente um mit anderen Deutungsmustern auf die neuen Sinnfragen zu reagieren, die sich in der Weimarer Republik durch die Bestimmungen des Versailler Vertrages stellten.

Die landesgeschichtliche Forschung war hier, wie im Westen und Osten des Reiches, mit den aus der Kriegsniederlage erwachsenen, territorialen Verlusten im Norden konfrontiert. Daraus kann die Annahme resultieren, dass auch in Schleswig-Holstein die geschichtliche Forschung die „völkische Einheit" durch volksgeschichtliche Untersuchungen zu belegen suchte. Vor allem aber erschließt sich hier ein weiterer Raum, in dem die Folgen der Pariser Vorortverträge die deutsche Gesellschaft politisierte und somit auch innerhalb der traditionellen regionalgeschichtlichen Forschung Anschluss bot zu einer revisionistischen Geschichtsschreibung. Untersucht werden soll, inwiefern der Geschichtsverein dies umsetzte. Dazu wird die Zeitschrift der Gesellschaft in dem Zeitraum von 1918 bis 1933 eingehend betrachtet mit dem Erkenntnisinteresse, ob sich hier eine Wissenschaft im Sinne der Volksgeschichte etablieren konnte oder auf „traditionelle" Weise der Revisionismus des Versailler Vertrages historisch gestützt wurde. In jedem Fall aber, wie es der Wunsch Alnors war, ob sich die Gesellschaft mit ihren Schriften in irgendeiner Art und Weise am „Grenzkampf" um Schleswig beteiligte.

Nur wenige Beispiele finden sich unter den Aufsätzen der Zeitschrift, die sich methodisch ausdrücklich auf die Volksgeschichte oder „Volkstumsforschung" beziehen. Am ausdrücklichsten lehnt sich Folkers in seinem Beitrag „Zur Frage nach Ausdehnung und Verbleib der slawischen Bevölkerung von Holstein und Lauenburg"[260] an die Geschichtsschreibung Helboks und Kötzschkes an. Im Sinne der volksgeschichtlichen Programmatik ist es das erklärte Ziel des Autors, die landesgeschichtliche Forschung „innerhalb Schleswig-Holsteins durch Heranbringung der anderswo auf ostdeutschem Kolonialboden gewonnenen Methoden und Maßstäbe auf dem Feld der Slawenfrage"[261] zu befruchten. Das aus der weiten Welt auf sich selber zurückgeworfene Volk würde durch die Beschäftigung mit der Deutschen Ostsiedlung, an die „gewaltigen wirtschaftlichen und kulturellen Leistungen der Kolonisationszeit" erinnert und damit „das Vertrauen in die ungebrochene Kraft des deutschen Volkstums auch für die Zukunft" wiedererlangen. Die Erinnerung an den „Kolonisationsvorgang" des

---

258 Ebd., S. 33.
259 Ebd., S. 22.
260 Johann Ulrich Folkers: Zur Frage nach Ausdehnung und Verbleib der slawischen Bevölkerung von Holstein und Lauenburg, in: ZSHG 58 (1929), S. 339-448.
261 Ebd., S. 339.

„ostdeutschen Volksbodens"[262] suggeriert, dass dieses „Volk" wie in der Vergangenheit seine Gebietsansprüche erfolgreich geltend machen kann.

Grundlegend für die Gebietsansprüche sei die Frage danach, ob und wann die „Germanisierung" der betreffenden Gebiete stattgefunden hat. Daher bemängelt der Verfasser, dass die bisherigen Forschungen keinen eindeutigen Aufschluss darüber geben konnten, wann beispielsweise Ostholstein germanisiert wurde und auf welche Art sich Slawen und Germanen als Besiedler dieses Gebietes ablösten. Aus diesem Grund erscheint es ihm „als besonders dringende Gegenwartsaufgabe, im Sinne Rudolf Kötzschkes", neue Methoden zur Klärung dieser Frage heranzuziehen. Es sollen „indirekte Quellen" befragt werden, wie Familiennamen, Ortsnamen, Siedlungsformen, Agrarverhältnisse, Rechtsverhältnisse, Hausbau, Volkstrachten, Anthropologie, Genealogie und Heraldik. Nacheinander legt Folkers Untersuchungsmethoden aus diesen Disziplinen an sein Untersuchungsgebiet an und diskutiert dazu die einschlägige Literatur. Dennoch sind seine Untersuchungen weniger „völkisch" wertend als zunächst angenommen. Zwar zieht sich durch den gesamten Aufsatz die Grundannahme eines germanisch-deutschen Dominanzverhältnis gegenüber slawischen Völkern, die Ergebnisse seiner Untersuchung werden jedoch relativ sachlich und ausgewogen ausgewertet und führen zu dem Ergebnis, dass es ein relativ langwieriger Prozess war, durch den die slawisch bewohnten Gebiete „germanisiert" wurden. Die Schlussfolgerung, die er daraus zieht, enthält dann wiederum den Überlegenheitsduktus, der der volksgeschichtlichen Ostforschung grundsätzlich zugrunde liegt, denn Folkers resümiert:

> „Daß auch ohne Gewaltmittel unter viel schwierigeren Verhältnissen, als man früher annahm, die deutsche Kultur die slawischen Ostseelande zu erobern und einzudeutschen vermochte, das stellt die werdende Kraft dieser Kultur in ein doppelt helles Licht und macht die Germanisierung Ostelbiens nun erst recht zur ruhmvollen Leistung des deutschen Volkes als des Schöpfers dieser Kultur."[263]

Weitere dezidierte Hinweise auf die Anwendung der von Kötzschke, Aubin und Helbok entwickelten Geschichtsschreibung finden sich nicht in den Aufsätzen der Zeitschrift. Eine Übersicht über die Themen und historischen Sachbereiche, die in der Zeitschrift vertreten sind, scheinen jedoch vordergründig auf eine Beeinflussung aus dieser Richtung hinzuweisen. Denn die von Oberkrome festgestellten historischen Disziplinen, die als Basis der Volksgeschichte dienen, wie historische Geographie, Wirtschaftsgeschichte, Namen-, Flur- und Ortsnamenforschung sowie bevölkerungsstatistische Untersuchungen,[264] um nur einige der oben bereits dargelegten Disziplinen zu nennen, finden sich in hohem Maße in der Zeitschrift.

Zur Flurnamenforschung sind drei Beiträge während der Weimarer Republik erschienen. Hervorgehoben soll der Aufsatz Wegemanns in Band 52 (1923) der Zeitschrift.[265] Wegemann gibt hier einen Überblick über das Forschungsvorhaben zur

---

262 Ebd., S. 340.
263 Ebd., S. 448.
264 Vgl. Oberkrome: Volksgeschichte, S. 35f.
265 Vgl. Georg Wegemann: Die Sammlung schleswig-holsteinischer Flurnamen und sonstige landeskundliche Arbeiten, in: ZSHG 52 (1923), S. 121-123.

Sammlung der schleswig-holsteinischen Flurnamen. Die Bedeutung dieser Arbeit für verschiedene Disziplinen beschreibt er folgendermaßen:

> „Dem Geographen geben sie, da sie meist uralter Besitz sind, Aufschluß über völkische Verteilung und Verschiebung und über ehemalige Bodenbedeckung [...]. Dem Sprachforscher sind sie als ältestes Sprachgut ein wertvolles Quellenmaterial. Dem Geschichtsforscher, Archäologen und Landeskundler geben sie Anhaltspunkte über alte Siedlungen, Begräbnisplätze, Wehranlagen, Wüstungen u.a."[266]

Wegemann benennt hier zwar die „völkische Verteilung und Verschiebung", die aus der Flurnamenforschung entnommen werden kann, ein auf das „deutsche Volkstum" bezogener Gebietsanspruch über die Grenzen des Deutschen Reiches hinaus wird hiermit jedoch nicht verknüpft. Nur ein Hinweis darauf, dass das gesammelte Material zur „Feststellung der ethnographischen Grenzen" in Schleswig verwendet werden wird, kann als Anzeichen einer möglichen politischen Instrumentalisierung dieser Forschungsarbeit gewertet werden.

Ähnlich verhält es sich mit den Arbeiten aus dem Bereich der historischen Geographie. Der einzige Beitrag, der auf Innovationen in der landesgeschichtlichen Forschung zu reagieren scheint, ist ein kurzer Bericht über den „Entwurf zu einem historisch-geographischen Atlas von Schleswig-Holstein"[267]. Der Verfasser betont die besondere Ausgestaltung, die der schleswig-holsteinische Atlas erhalten soll:

> „Während die vorliegenden historischen Atlanten sich in der Hauptsache auf die Feststellung von territorialen und Verwaltungsgrenzen beschränken – nur der oldenburgische bietet mehr – soll der schleswig-holsteinische außerdem auch Karten über den geschichtlichen Werdegang ethnographischer, wirtschaftlicher u.a. Erscheinungen bieten [...]."[268]

Interessant für diese Betrachtungen ist die Konkretisierung dieser Beschreibung, in der sich zeigt, dass der Atlas Karten enthalten soll, zu der „Entwicklung der Binnengrenzen", über die „Bevölkerungsbewegung von 1803-1905" sowie die „Größe und regionale Verteilung der Siedlungen". Dazu kommt eine Sprachenkarte, welche die „Verschiebung der Sprachgrenze" und das „Stärkeverhältnisse in den Mischgebieten" aufzeigen soll. Außerdem ist eine Siedlungskarte geplant, die die „Haus- und Dorftypen" verzeichnet.[269]

In der Ausgestaltung des Atlasses schlägt sich die besondere Grenzsituation Schleswig-Holsteins nieder. Dass die Karten dem Zweck dienen sollten, den „deutschen Volksboden" über die dänisch-deutsche Grenze hinaus zu reklamieren, kann jedoch nur gemutmaßt werden, da es hier nicht explizit formuliert wird.

Zusammenfassend kann gesagt werden, dass die Volksgeschichte keinen Einzug gehalten hat in die Darstellung der schleswig-holsteinischen Landesgeschichte in der Zeitschrift der Gesellschaft. Etwa zwei Drittel aller Beiträge beschränken sich in ihren Darstellung auf Themen von lokalem Interesse und kleinste Räume, wie einzelne Höfe, Bauwerke, Kirchen und Klöster. Städte, Ortschaften und Regionen innerhalb der

---

266 Ebd., S. 122.
267 Georg Wegemann: Entwurf zu einem historisch-geographischen Atlas von Schleswig-Holstein, in: ZSHG 52 (1923), S. 119-121.
268 Ebd., S. 119.
269 Vgl. ebd., S. 120.

Provinz, ohne sie in einen größeren Zusammenhang zu stellen. In den übrigen etwa 50 Schriften, kommt der nationale Gegensatz Deutschlands und Dänemarks zum Ausdruck. Damit wird die sich im ausgehenden 19. Jahrhundert anbahnende antidänische Tendenz übernommen und vermutlich durch die Abstimmung von 1920 noch verstärkt. Jedoch ohne aggressive Grenzkampf-Propaganda zu betreiben.

Obwohl es von einigen der Vorstandmitglieder Vorstöße in andere Richtungen gab und Volquart Pauls noch 1940 in dem Nachruf Karl Alnors über die Abstimmungszeit schreibt, dass es aufgrund der Veränderungen, die die Kriegsniederlage für Schleswig-Holstein brachte

> „naturgemäß eine scharfe Stellungnahme gegen die an Versailles gebundene dänische Politik und gegen die für die Führung des Abstimmungskampfes auf dänischer Seite verantwortlichen Männer"[270]

geben musste. In der von ihm verantworteten Zeitschrift schlägt sich dies jedoch nicht nieder.

Zwar speist sich die Themenwahl aus der Erfahrung nach dem Ersten Weltkrieg und Themen zur deutsch-dänischen Auseinandersetzung sind vielfach vertreten, doch als sie in das 100. Jahr ihres Bestehens ging, hielt die Gesellschaft immer noch an den traditionell für sie festgelegten Bestimmungen fest und nahm vor allem die Aufgabe wahr, die Geschichte der ehemaligen Herzogtümer zu sammeln, zu bewahren und zu verbreiten. Das politische Moment, die liberale und nationale Bewegung, aus deren Geist sie gegründet wurde, diente als Anknüpfungspunkt an die heroische Zeit der Gründung und dem Kampf für ein verbundenes Schleswig-Holstein.

---

270   Pauls: Karl Alnor, S. IX.

4. Die Hundertjahrfeier – Zwischen Erinnerung und Aufbruch

Am 18. März 1933, kurz nach der Machübernahme der Nationalsozialisten, jährte sich die Gründung des Schleswig-Holsteinischen Geschichtsvereins zum 100. Mal. Der aus der schleswig-holsteinischen Nationalbewegung entstandene Verein, mit seinen prominenten Vordenkern wie Friedrich Christoph Dahlmann und Nikolaus Falck, sollte also mit dem hundertjährigen Jubiläumsjahr in eine neue Zeit eintreten, in welcher der Nationalismus des 19. Jahrhundert schließlich in seiner extremsten Form kulminierte. Durch den Umstand, dass das Jubiläum in die Zeit dieses politischen Umbruchs fällt, kommt ihm eine Art Brückenfunktion zu, da hier die Erinnerung an das hundertjährige Bemühen der Gesellschaft um die Sammlung und Darstellung der schleswig-holsteinische Geschichte mit der Positionierung des Vereins in einer neuen Staatsform zusammentrifft.

Während die Vorarbeiten und Vorbereitungen für das Jubiläum von Seiten des Vereins, genauso wie einige Zeitungsartikel in der schleswig-holsteinischen Presse, die anlässlich des sich nahenden Ehrentags erschienen, noch in die zweite Jahreshälfte des Jahres 1932 beziehungsweise in den Januar 1933 fielen, stellt sich die Feierstunde dann schon gänzlich unter dem Einfluss der neuen Machthaber dar. Die Auswirkungen zeigen sich in den Reden zum eigentlichen Festakt, die größtenteils nur noch aus Zeitungsberichten rekonstruiert werden können und somit auch immer Implikationen des jeweiligen Organs beinhalten. Lediglich die Festrede Ottos Scheels liegt in gedruckter Form vor.[271] Der Festakt wurde in großem Rahmen begangen. Geladen waren die 200 Gäste zunächst zu einem Festgottesdienst und zur anschließenden Feier in der Aula der Christian-Albrechts-Universität zu Kiel. Der Zeitpunkt des Jubiläums am Beginn der nationalsozialistischen Herrschaft und der große Rahmen, in dem das Fest begangen wurde, zwang die Gesellschaft zu einem frühen Zeitpunkt der nationalistischen Herrschaft zu einem öffentlichen politischen Bekenntnis und zu einer Positionierung gegenüber dem Regime. So kann möglicherweise davon gesprochen werden, dass die Gesellschaft mit ihrem hundertjährigen Vereinsjubiläum einen Wendepunkt erlebte, zwischen einer „verdienstvollen" Vergangenheit und einer im Nachhinein als schmachvoll empfundenen Zukunft, einer Zeit in der dem herrschenden Regime gegenüber Zugeständnisse gemacht und Zusammenarbeit bewusst gesucht wurde, während auf der anderen Seite um die Unabhängigkeit der Vereinsarbeit gerungen wurde.

Es kann also danach gefragt werden, ob sich hier für den Verein für Schleswig-Holsteinische Geschichte bedingt durch die allgemeinen politischen Veränderungen ein Wendepunkt in ihrer Vereinsarbeit und dem vereinsinternen Selbstverständnis vollzogen hat.

Der erste Teil der Darstellung zeigt, wie die Gesellschaft aus der eigenen Vergangenheit für sich und die Öffentlichkeit ein Selbstbild konstruierte, welches die großen Taten und Verdienste des Geschichtsvereins als einmalig für Schleswig-Holstein herausstellte. Konterkariert wird dieses durch den Beitrag Paul von Hedemann-Heespens,

---

271 Otto Scheel: Allgemeine Geschichte und Landesgeschichte, in: Deutsche Hefte für Volks- und Kulturbodenforschung 3 (1933), H. 3, S. 113.

der in den 1920er Jahren, nach langer Vereinstätigkeit, aus der Gesellschaft ausgeschieden war, nachdem er während seiner Zeit als kommissarischer Herausgeber der Vereinszeitschrift, in seinen eigenen Beiträgen nicht mit seiner politischen Einstellung im Allgemeinen und zu einem Schleswig-Holstein in einem neuen demokratischen Deutschland zurückgehalten hatte und sich dadurch mit dem Vereinsvorstand überworfen hatte.

Im zweiten Teil soll dann anhand der Reden und Predigten, die anlässlich des Jubiläums gehalten wurden, nachvollzogen werden, ob sich hier, im Gegensatz zu dem vorher herausgearbeiteten Selbstbild, abzeichnet, dass der Geschichtsverein eine andere Position und Funktion zur Geschichtswissenschaft und ihrer Rolle für Staat und Gesellschaft einnahm und ob man deshalb von einem Wendepunkt sprechen kann.

4.1 Das Selbstbild der schleswig-holsteinischen Geschichtsgesellschaft

Die Vorbereitungen zu der Hundertjahrfeier, die im März 1933 in Kiel stattfand, scheinen von dem Schriftführer der Gesellschaft, Volquart Pauls, dominiert gewesen zu sein. Seine Schrift „Hundert Jahre Gesellschaft für Schleswig-Holsteinische Geschichte" erschien pünktlich zum Jubiläum. Des Weiteren versuchte er schon im Vorfeld den Ehrentag der Geschichtsgesellschaft durch die schleswig-holsteinische Presse bekannt zu machen und ersah seinen Vorgänger den Universitätsprofessor Arnold Oskar Meyer dazu aus, einen umfassenden Zeitungsartikel über die Arbeit der Gesellschaft in den vergangenen 100 Jahren zu veröffentlichen. Mit diesen von dem Vorstand der Geschichtsgesellschaft initiierten Huldigungen der Vergangenheit konstruierte die Gesellschaft ein Bild von sich, dass sie der Öffentlichkeit präsentieren konnte und das Aufschluss darüber gibt, wie sie sich selbst gesehen hat, aber vor allem, wie sie gesehen werden wollte.

Neben diesen von der Gesellschaft angeregten Schriften, die vornehmlich die große Leistung des Geschichtsvereins für die schleswig-holsteinische Landesforschung hervorheben sollten, meldete sich auch ein ehemaliges Vorstandsmitglied zu diesem Ereignis zu Wort. Hedemann-Heespen gab in der Kieler Zeitung ebenfalls eine Stellungnahme zu der historischen Arbeit des Vereins in der Vergangenheit ab, die weitaus weniger positiv ausfiel und gerade daher das Bild des historischen Vereins in dieser Zeit durch den Kontrast ergänzt sowie die von der Vereinsleitung bewusst geglättete jüngere Zeit in anderem Licht erscheinen lässt.

4.1.1 „Hundert Jahre Gesellschaft für Schleswig-Holsteinische Geschichte" von Volquart Pauls

Bei Pauls' Werk handelt es sich um eine Darstellung der ersten hundert Jahre der landesgeschichtlichen Arbeit der Geschichtsgesellschaft von der Gründung bis zum Jahr 1933. Eine differenzierte Aufarbeitung stellt das Werk nicht dar, es finden sich auch kaum kritische Worte zu einzelnen Phasen der Geschichte des Vereins. Es ging Pauls vielmehr um die Würdigung der Verdienste der führenden Männer der Vereinsgeschichte.

Der Gründung der Gesellschaft kommt in seiner Darstellung ein hoher Stellenwert zu und bei der Lektüre wird deutlich wie sehr Pauls sich seinen wissenschaftlichen Vätern, wie beispielsweise Dahlmann, sowie den Gründern aber auch dem Gründungsgedanken verschrieben fühlte. So gibt er in der Einleitung zum Ausdruck, dass es ihm wünschenswert erschien, „gerade die Anfänge der Gesellschaft und die ersten Jahrzehnte ihrer Arbeit eingehender zu behandeln, da in dieser Zeit unter schwierigsten Verhältnissen das Fundament gelegt wurde, auf dem noch heute die Arbeit der Gesellschaft im wesentlichen ruht"[272]. Die Bedeutung, welche der Gründung der Geschichtsgesellschaft in dieser Zeit laut Pauls zukam, wird in seiner Festschrift durch die Stimmen von Zeitgenossen zu dem Gründungsakt hervorgehoben, aus denen klar das nationale Klima des beginnenden 19. Jahrhunderts spricht, wenn betont wird, dass die Geschichtsgesellschaft „[w]arme Aufnahme [...] überall in den geistig führenden Kreisen des Landes"[273] gefunden habe, und der Hoffnung Ausdruck gegeben wird, dass „die Arbeit der Gesellschaft dazu dienen möge, den vaterländischen Sinn zu wecken und zu stärken"[274].

Dieser Bezug zu den Anfängen der Gesellschaft und der Zeit der frühen Schleswig-Holsteinischen Bewegung entspricht der Tendenz, die sich auch in der Zeitschrift der Gesellschaft in dieser Zeit zeigt, nämlich eine durch die im Ersten Weltkrieg erlittene Niederlage hervorgerufene, erneute Hinwendung zur engeren Heimat und einem neuen Schleswig-Holsteinismus.[275]

Das Werk Pauls gliedert sich zum größten Teil nach den Amtszeiten der Schriftführer und so wird jedem Sekretär eine besondere Würdigung zuteil. Michelsen[276] wird dabei folgendermaßen bewertet:

„Michelsen [konnte] bei seinem Fortgang aus Schleswig-Holstein auf recht beachtliche wissenschaftliche Leistungen der Gesellschaft in diesem verhältnismäßig kurzen Zeitraum zurückblicken. In der Urkundenpublikation marschierte die schleswig-holsteinische Gesellschaft unter den deutschen landesgeschichtlichen Organisationen mit in der ersten Reihe und wurde hierin kaum von einer anderen übertroffen. Und das alles war ganz überwiegend

---

272 Volquart Pauls: Hundert Jahre, S. IX.
273 Ebd. S. 26.
274 Ebd.
275 Degn: Geschichtsschreibung in Schleswig-Holstein, S. 28f. Degn konzipiert hier den Begriff „Schleswig-Holsteinismus" im Zusammenhang mit der frühen schleswig-holsteinischen Bewegung und den Vertretern Dahlmann, Michelsen und Waitz, die in den 50 Jahren zwischen 1814 und 1864 „Vorkämpfer und Wegbereiter des sog. ‚Schleswig-Holsteinismus'" gewesen seien und dadurch die Geschichtsschreibung in diesem Geist geprägt hätten. Auch nach dem Ersten Weltkrieg ist eine Tendenz zu beobachten, die sich von dem Deutschen Nationalstaat preußischer Prägung abwendet und sich auf Schleswig-Holstein als Referenzraum zurückbesinnt. Dass die nähere Umgebung, die Heimat, für viele Menschen nach dem Ersten Weltkrieg als regionaler Bezugspunkt identitätsstiftende Anknüpfungspunkte bereit hielt, konstatieren übereinstimmend auch Kunz: Verortete Geschichte, S. 321 und Unterstell: Klio in Pommern, S. 109.
276 Andreas L. J. Michelsen (1804-1862) war von 1837-1842 ord. Professor an der Universität Kiel. Er hatte das Amt des Schriftführers für neun Jahre inne, dann erhielt er 1842 einen Ruf an die Universität Jena. Vgl. Artikel: Michelsen, Andreas Ludwig Jacob, in: DBE, Bd. 7, München 1998, S. 434.

das Werk ihres Sekretärs Michelsen gewesen, der von dem ersten Tage an in uneigennütziger Weise seine ganze Krafft in den Dienst der Gesellschaft gestellt hatte."[277]

Als Verdienste des Schriftführers Georg Waitz[278], der zugleich Michelsens Nachfolger auf dem Lehrstuhl für Geschichte an der Universität Kiel war, werden von Pauls die besonderen Leistungen für die Zeitschrift der Gesellschaft hervorgehoben. Waitz hatte 1844 der Vereinszeitschrift einen neuen Namen gegeben und damit ein neues Raumkonzept angedeutet, denn die Zeitschrift erschien nun mit dem Titel: „Nordalbingische Studien"[279]. Durch sein Engagement sei es gelungen, die Zeitschrift wesentlich vielseitiger zu gestalten und Waitz Bemühungen darum, die Zeitschrift über die Grenzen der Herzogtümer hinaus bekannt zu machen und sie enger an die allgemeine historische Forschung zu knüpfen, hätten zu vollem Erfolg geführt.[280]

Rudolf Usinger[281], der von 1868 bis 1874 das Amt des Schriftführers inne hatte, habe sich sogar

„um die Gesellschaft für schleswig-holsteinische Geschichte unvergängliche Dienste erworben. Er hat sie vor einem weiteren Dahinsiechen bewahrt und ihr eine neues, kraftvolles Leben einzuflößen verstanden."[282]

Durch die Konzentration auf die großen Werke seiner Amtsvorgänger und die Hervorhebung der Relevanz der Schriftführerposition für die Arbeit der Geschichtsgesellschaft, stützt Pauls unverkennbar seine eigene Position. Zudem zeichnet er das Bild einer Gesellschaft, die sich in den vergangenen hundert Jahren unvergleichbar verdient gemacht und die Grundlage für die historische Forschung in Schleswig-Holstein überhaupt geschaffen hat.[283]

Des Weiteren führt Pauls aus, dass der Grundgedanken, der der Gründung der Gesellschaft zugrunde lag, weiterverfolgt werden müsse, da dieser in den hundert Jahren des Bestehens noch nicht erfüllt worden sei. Demnach bestehe immer noch die Notwendigkeit, die Geschichte Schleswig-Holsteins aus schleswig-holsteinischer Sicht zu schreiben, denn eine Gesamtdarstellung schleswig-holsteinischer Geschichte, und hier bezieht er sich auf Dahlmann, der schon zu Beginn des 19. Jahrhunderts eine Geschichte Schleswig-Holsteins gefordert hatte, die „dem Schleswig-Holsteiner in

---

277 Pauls: Hundert Jahre, S. 68.
278 Georg Waitz (1818-1886) wurde in Flensburg geboren. Er studierte Rechtswissenschaften in Kiel, wandte sich aber in seinen Berliner Studienjahren der Geschichtswissenschaft und der Philosophie zu, er gilt als der bedeutendste Schüler Rankes. 1842 wurde er an die Universität Kiel berufen, schloss sich der Schleswig-Holsteinischen Bewegung an und war schließlich Mitglied der Frankfurter Nationalversammlung. 1849 zog er sich von der Politik zurück und lehrte dann an der Universität Göttingen. Vgl. Artikel: Waitz, Georg, in: DBE, Bd. 10, München 1999, S. 307.
279 Nordalbingische Studien 1-6 (1844-1854); vgl. dazu Kunz: Verortete Geschichte, S. 290.
280 Vgl. Pauls: Hundert Jahre, S. 99.
281 Rudolf Usinger (1835-1874) hatte sich schon in seiner Habilitationsschrift „Die deutschdänische Geschichte 1189-1227" mit einem für die schleswig-holsteinische Geschichte relevanten Thema beschäftigt. Nachdem er zunächst a.o. Professor und ab 1866 als o. Professor an der Universität Greifswald gelehrt hatte, folgte er 1868 Heinrich v. Treitschke auf den Lehrstuhl für Mittlere und Neuere Geschichte an der Universität Kiel. Vgl. Artikel: Usinger, Rudolf, in: DBE, Bd. 10, München 1999, S. 170.
282 Ebd., S. 166.
283 Ebd., S. IX.

fruchtbarer Kürze die Zustände und Begebenheiten erklärte, aus welchen seine gegenwärtige Lage hervorgegangen ist"[284], sei immer noch nicht geschrieben worden. Mit diesem expliziten Bezug zu Dahlmann, aber auch zu Falck, der als einer der Gründer der Schleswig-Holsteinischen Geschichtsgesellschaft, die Erstellung eines umfassenden Werks zur schleswig-holsteinischen Geschichte auf einer breiten Quellenbasis gefordert hatte, wird im Sinne der beiden Historiker betont, dass eine historische Abhandlung über die Herzogtümer Schleswig und Holstein aus deutscher Perspektive fehle und der „einseitigen dänischen Darstellung" immer noch nichts entgegengesetzt werden könne.[285] Während es Dahlmann und Waitz vor allem ein Anliegen gewesen war, „die historisch begründeten Sonderrechte der beiden Herzogtümer"[286] durchzusetzen, geht es Pauls um eine spezifisch schleswig-holsteinische Sicht und Darstellung der Geschichte. Indem er nicht den Gegensatz deutsch-dänisch hervorhebt, sondern bewusst einen schleswig-holsteinisch-dänischen Antagonismus beschreibt, negiert er den deutschen Charakter dieses Nationalitätenkonflikts und intendiert damit eine spezifisch schleswig-holsteinische Identität.

4.1.2 „Gedanken zum Geburtstag einer Hundertjährigen" von Paul von Hedemann-Heespen

Während Pauls und auch Meyer, wie im Folgenden noch gezeigt wird, die verdienstvolle Vergangenheit der Gesellschaft beschreiben, wird in Hedemann-Heespens Artikel ein ganz anderes Bild dargestellt. Er verzichtet darauf, den Geschichtsverein in seiner Gesamtheit vorzuführen und bezieht sich ausschließlich auf die nähere Vergangenheit, in der die Gesellschaft ihre „Ehrwürdigkeit" eingebüßt habe. Um dies herauszustellen, wird eingangs die Frage aufgeworfen, ob die „alte" Geschichtsgesellschaft auch als „ehrwürdig" bezeichnet werden kann.

> „Nur wenige Monate trennen uns von dem Ereignis, wo die „alte ehrwürdige" Schleswig-Holsteinische Geschichtsgesellschaft [...] hundertjährig wird [...]. Das Alter ist nicht anzuzweifeln. Beschäftigen kann uns nur noch die Frage nach der Ehrwürdigkeit."[287]

Er kommt zu dem Ergebnis, dass „leider nicht zugegeben werden kann, daß die Gesellschaft sich heute im Stande der Ehrwürdigkeit bewegt"[288]. Begründet wird dies

---

284 Friedrich Christoph Dahlmann, zitiert nach: Pauls: Hundert Jahre, S. 12.
285 1822 erschien in der ersten Ausgabe des unter anderem von Nikolaus Falck herausgegebenen „Staatsbürgerlichen Magazin" eine von Dahlmann gestellte Preisaufgabe. Ein Preis sollte verliehen werden für denjenigen, dem es gelänge, eine Geschichte der Herzogtümer für die Zeit von 1523-1823 zu verfassen. Dahlmann betont, dass ein „Buch, das dem Schleswig-Holsteiner in fruchtbarer Kürze die Zustände und Begebenheiten erklärte, aus welchem seine gegenwärtige Lage hervorgegangen ist", fehle und dringend vermisst werde. Friedrich Christoph Dahlmann: Aufforderung zu einer vaterländischen Preisaufgabe, in: Staatsbürgerliches Magazin 1 (1821), H. 3, S. 585.
286 Kunz: Verortete Geschichte, S. 281.
287 Paul von Hedemann-Heespen: „Gedanken zum Geburtstag einer Hundertjährigen. Kritische Betrachtung der schleswig-holsteinischen Geschichtsgesellschaft", in: Kieler Zeitung, vom 30. November 1932.
288 Ebd.

mit polemischer Kritik an den Mitgliedern der Gesellschaft und ihrer landesgeschichtlichen Forschung. Das Urkundenwerk sei „eine einzige große Beschämung", vor allem dadurch, dass „der junge Schriftführer [Volquart Pauls] Ihrer Ehrwürden [...] seit acht Jahren an dem Register"[289] arbeite. Die Zeitschrift hingegen werde „fleißig" bearbeitet, aber weise „Riesenlücken des Stoffes" auf. Dies resultiere unter anderem daraus, dass der „Landeshistoriker", gemeint ist der Inhaber des landesgeschichtlichen Lehrstuhls an der Universität Kiel, Otto Scheel, nicht genügend Dissertationen anrege, die als Grundlage für die Zeitschrift dienen könnten. Besonders heftig fällt seine Kritik des Rezensionsteils der Zeitschrift aus. Aufgrund eigener „Produktionshemmung" der Geschichtsgesellschaft würden die Werke anderer in der Zeitschrift verurteilt. Dabei handele es sich um „Nörgelei", „übellaunige" und „unloyale Kritik", die nur die Druckkosten belasten würden.[290] Zu dieser Beurteilung kommt Hedemann-Heespen vermutlich, da sein Werk „Die Herzogtümer Schleswig-Holstein und die Neuzeit", das 1926 erschienen ist, von Pauls in einer Rezension stark kritisiert wurde. Pauls hebt besonders hervor, dass Hedemann-Heespens Werk wissenschaftlichen Ansprüchen nicht genügt, da einerseits „das Buch nicht *sine ira et studio* geschrieben"[291] worden sei.

Hedemann-Heespens Anschuldigungen sind durch die Polemik, die den Artikel durchziehen, weitestgehend nicht ernst zu nehmen. Wie schon die Verurteilung des Rezensionsteils der Zeitschrift zeigt, scheint der gesamte Beitrag, wie auch Pauls in einem Brief an Meyer vermutet, aus einer kürzlich erfahrenen persönlichen Beleidigung entstanden zu sein. Volquart Pauls mutmaßt gegenüber Arnold Oskar Meyer, dass Paul von Hedemann-Heespen es als Beleidigung empfunden habe, dass er anlässlich der Jubiläumsfeier nicht, wie eine Reihe anderer Personen, die Ehrenmitgliedschaft verliehen bekommen hat,

„da er sich ja so sehr stark in den Vordergrund schiebt und mit denen kontrastiert, denen die Würde eines Ehrenmitgliedes verliehen ist, ob er sich wohl nach außen als diejenige Persönlichkeit empfehlen möchte, die in erster Linie für eine solche Ehrung in Frage kommt"[292].

Tatsächlich erweckt der Artikel Hedemann-Heespens diesen Anschein, wenn er zunächst darüber informiert, dass seit 1898 nur eine Person mit der Ehrenmitgliedschaft ausgezeichnet wurde, dass die Gesellschaft aber nun, aus dem „drängende[n] Bedürfnis nach äußeren Dekorationen [...] in einem Jahr mehr Ehrenmitglieder geschaffen hat, als sonst in fünfzig."[293] Um gleich daraufhin zu betonen, dass sowohl das ehemalige Vorstandsmitglied, der Archivrat Richter, als auch der ehemalige Landeshauptmann Pahlke diese Ehre nicht verdient hätten. Mit einem Nachsatz verweist Hedemann-Heespen dann schließlich auf sich selbst: „Keiner unter den Lebenden ist durch vier Jahrzehnte an gelehrter Landesproduktion mir gleich gekommen; im Kriege

---

[289] Ebd.
[290] Vgl. ebd.
[291] Volquart Pauls: Rezension zu: Paul von Hedemann-Heespen: Die Herzogtümer Schleswig-Holstein und die Neuzeit, Kiel 1926, in: ZSHG 57 (1928), S. 536.
[292] LAS Abt. 397, Nr. 52, Brief Pauls an Meyer, vom 3. Dezember 1932.
[293] Hedemann-Heespen: „Gedanken zum Geburtstag", in: KZ, vom 30. November 1932.

habe ich sie [die Geschichtsgesellschaft] getragen."[294] Als Beleg hierfür fügt er hinzu, „das Ehrenmitglied Rachfahl" habe ihn als „Schatz für das Land bezeichnet."[295]

Gesteigert werden diese Vorwürfe darüber hinaus dadurch, dass er dem Vorstand der Gesellschaft vorhält, er habe gezielt Historikern entgegen gewirkt, die auf dem Gebiet der schleswig-holsteinischen Landesgeschichtschreibung tätig waren. Professor Brandt sei aus dem Lande gedrängt worden und auch der Archivrat Kochendörffer hätte „abwandern" müssen, er selbst, Hedemann-Heespen, sei im „hohen Bogen aus dem Vorstand" geflogen und man hätte versucht ihn mit „böswilligen Talmikritiken [...] zu vernichten." In der Wortwahl bleibt er zwar stringent, aber ebenso drastisch, wenn er seine Auseinandersetzung mit der Gesellschaft sogar als „inneren Krieg"[296] bezeichnet.

Den Plan der Gesellschaft zu der Hundertjahrfeier ein mehrbändiges Werk zur Geschichte Schleswig-Holsteins herauszubringen, bezieht er ebenfalls in fast narzisstischer Weise auf sich selbst und bezeichnet das Vorhaben als einen „Gegenhedemann" mit dem man lediglich auf sein Buch „Die Herzogtümer Schleswig-Holstein und die Neuzeit" reagiert hätte.[297]

Neben den Anschuldigungen und der Polemik, mit der diese vorgetragen werden, verweist der Autor aber auch richtigerweise auf die in der Arbeit der Gesellschaft auffällige Differenz zwischen den geplanten Projekten und den tatsächlichen Ergebnissen. Etwas, dass bei Pauls völlig außer Acht gelassen wird. So kritisiert Hedemann-Heespen nicht zu Unrecht:

„Ein Riesenprogramm von Verheißungen hat ja die Gesellschaft seit dem Ausbruch des innern Krieges, seit zehn Jahren, aufgestellt, geschichtliche Topographie und – Atlas, Biographie und Siegelwerk. Herausgekommen ist von alledem fast nichts."[298]

Wohl hatte die Gesellschaft in den 1920er Jahren ein hohes Maß an Aktivität entwickelt, wie sich an den vielen Projekten und Ausschüssen zeigt, doch aus diesen resultierten wenige Publikationen. Belegt wird dies auch durch den Ausgang des Projektes der „Geschichte Schleswig-Holsteins". Schon die erste Lieferung, die anlässlich des hundertjährigen Jubiläums erscheinen sollte, konnte nicht fristgerecht ausgegeben werden und auch in den folgenden Jahren, wurden nur wenige Lieferungen des großen Werks aufgrund von „Arbeitenmangel"[299] publiziert.[300]

Dennoch ist der Artikel im Ganzen eine Diffamierung der schleswig-holsteinischen Geschichtsgesellschaft, aus einem geradezu rachsüchtigen Motiv heraus. Dies will Volquart Pauls nicht auf seinem Verein sitzen lassen und initiiert aus diesem Grund eine Gegendarstellung, wie im Folgenden gezeigt wird.

---

294 Ebd.
295 Ebd.
296 Ebd.
297 Ebd. Hedemann-Heespen bezieht sich hiermit auf die Schrift: Hedemann-Heespen: Die Herzogtümer Schleswig-Holstein.
298 Hedemann-Heespen: Gedanken zum Geburtstag.
299 Ebd.
300 Vgl. LAS Abt. 397, Nr. 316, Brief des Verlegers Karl Wachholtz an Pauls, vom 23. April 1944. Wachholtz bemängelt, dass Skripte für die „Geschichte Schleswig-Holsteins" nie fristgerecht, mit jahrelanger Verspätung oder gar nicht eingereicht werden würden.

4.1.3 Arnold Oskar Meyers „Ein Jahrhundert Gesellschaft für Schleswig-Holsteinische Geschichte"

Im Dezember 1932 wandte sich Volquart Pauls mit einem Anliegen an den Leiter des Korrespondenzbüros der Korrespondenz „Nordschleswig" in Flensburg, Ernst Schröder. Er habe mit Otto Scheel erörtert, ob es nicht anlässlich des Jubiläums der Gesellschaft sinnvoll wäre, wenn „in einem Artikel der dann der ganzen schleswigholsteinischen Presse zugänglich wäre, die Bedeutung der Gesellschaft, ihre geschichtliche Entwicklung und ihre Leistung erörtert würde."[301] Dass es sich hierbei um ein Reinwaschen von den von Hedemann-Heespen in der „Kieler Zeitung" erhobenen Anschuldigungen handelte, gab Volquart Pauls gegenüber Schröder zu, denn er äußert diesem gegenüber, dass es aufgrund des „Kübel[s] Unflat", den „der Dynast von der Westenseer Endmoräne kürzlich [...] über die Gesellschaft ausgegossen hat", ratsamer wäre, eine Person mit der Abfassung des Beitrags zu betrauen, die nicht „mit dem Vorstand unmittelbar versippt ist"[302]. Pauls schwebte sein Vorgänger im Amt des Schriftführers der Gesellschaft für Schleswig-Holsteinische Geschichte, Arnold Oskar Meyer[303], für diese Aufgabe vor, der durch seine Zeit als Schriftführer über den notwendigen Einblick und die Sachkenntnis verfügen musste, aber schon 11 Jahre zuvor das Amt abgegeben hatte und seit dieser Zeit auch nicht mehr in Schleswig-Holstein als Historiker tätig war. Somit also den nötigen zeitlichen und räumlichen Abstand für diese Aufgabe hatte. Ernst Schröder sollte nun die Rolle des Vermittlers zukommen, um vollends den Anschein einer unabhängigen Berichterstattung zu gewährleisten. Hierzu äußerte sich Pauls Schröder gegenüber folgendermaßen:

> „Es scheint mir richtiger zu sein, daß die Aufforderung an A. O. Meyer nicht von der Gesellschaft aus erfolgt, sondern von einer ganz neutralen Stelle, wie sie es sind. Wäre es nicht ganz gut, wenn sie sich an A. O. Meyer wenden würden, daß er Ihnen für Ihre Korrespondenz einen solchen Artikel schriebe?"[304]

Schon am 7. Januar 1933 meldete sich Meyer bezüglich dieser Anfrage bei Pauls und ersuchte ihn um Material und Informationen für den Artikel.[305] Pauls reagierte umgehend und schickte einen ausführlichen Bericht mit Literaturhinweisen und Informationen, die er gerne in einem Zeitungsartikel über die Gesellschaft sehen würde, so dass er Meyer letztlich beinahe seinen eigenen Text in die Feder diktierte.[306]Der

---

301 LAS Abt. 397, Nr. 52, Brief Pauls an Herrn Hauptschriftleiter Ernst Schröder, Flensburg, Deutsches Haus, vom 23. Dezember 1932.
302 Ebd.
303 Arnold Oskar Meyer (1877-1944) war von 1913 bis 1915 a.o. Professor in Rostock, bevor er dann 1915 auf seinen Ruf an die Christian-Albrechts-Universität zu Kiel erhielt. Während dieser Zeit übte er das Amt als Schriftführer der Gesellschaft für Schleswig-Holsteinische Geschichte aus, dass er bis 1921 inne hatte und in dem er dann von Volquart Pauls abgelöst wurde. 1922 wurde er zum o. Professor an die Universität Göttingen berufen. Auf diese Berufung folgte eine weitere im Jahr 1929 nach München und 1935 nach Berlin. Vgl. Artikel: Meyer, Arnold Oskar, in: DBE, Bd. 7, München 1998, S. 209.
304 LAS Abt. 397, Nr. 52, Brief Pauls an Schröder, vom 23. Dezember 1932.
305 LAS Abt. 397, Nr. 52, Brief Meyers an Pauls, vom 7. Januar 1933.
306 LAS Abt. 397, Nr. 52, Brief Pauls an Meyer, vom 11. Januar 1933.

von Pauls „beauftragte" Artikel erschien schließlich in der „Korrespondenz Nordschleswig" am 9. Februar 1933.

> „Lornsens grosse Tat zitterte noch im Lande nach, das Gesetz wegen Anordnung von Provinzialständen war erlassen und harrte der Ausführung, als in Kiel – am 13. März 1833 – durch eine Versammlung von 41 Männern die Gesellschaft für schleswig-holsteinische Geschichte gegründet wurde."[307]

Meyers Darstellung gleicht in ihrem Aufbau der von Pauls verfassten Schrift „Hundert Jahre Gesellschaft für Schleswig-Holsteinische Geschichte". Beide stellen die Gesellschaft in den größeren Zusammenhang der liberalen und nationalen Bewegung. Aus diesem Grund werden Lornsen und Dahlmann namentlich als Gewährsmänner für den Geist der Zeit genannt und nicht die tatsächlichen, aber etwas unbekannteren Gründer der Gesellschaft. Interessanterweise spricht der Historiker Meyer, um diese These zu stützen von einem „wiedererwachten" Nationalgefühl und scheint somit die Geschichte der Herzogtümer in einen Kontext zu setzen, der eine traditionelle nationale Zugehörigkeit der Herzogtümer zu Deutschland suggeriert, wenn es heißt: „Das lebhafte historische Empfinden jener Jahrzehnte und das wiedererwachte deutsche Nationalgefühl bildeten den fruchtbaren Boden, aus dem diese Gründung erwuchs."[308] Die Gründung der Gesellschaft sei demnach „Aeusserung des erstarkenden Schleswig-Holsteinertums und des Bewusstwerdens seines deutschen Charakters"[309] gewesen. Anders als Pauls ist für den in Breslau und nicht Schleswig-Holstein geborenen Meyer,[310] im nationalen Gedanken in Schleswig-Holstein zu dieser Zeit, schleswig-holsteinisch und deutsch gleichzusetzen.

Im Weiteren folgt Meyers Beitrag jedoch der Struktur, die Pauls vorgegeben hatte und die in seiner eigenen Schrift ebenfalls so zu finden ist, denn auch in Meyers Aufsatz werden, natürlich in der gebotenen Kürze, die einzelnen Sekretariate abgehandelt und die Leistungen der einzelnen Schriftführer gelobt, die diese auf dem Gebiet der Quellensammlung und Urkundenedition, aber auch der Verbreitung und Ausgestaltung der Zeitschrift, laut Meyer und Pauls geleistet hatten. Interessant ist der Raum, der dem 20. Jahrhundert eingeräumt wird. Es wird hervorgehoben, dass es gelungen sei die Arbeit auch während des Ersten Weltkrieges aufrecht zu erhalten und in diesem Zusammenhang wird vor dem Hintergrund vergangener Auseinandersetzungen überraschenderweise auch Hedemann-Heespen eine Ehrung zuteil.[311]

> „Einer der kenntnis- und geistreichsten unserer Landesgeschichtsforscher, der Gutsbesitzer Paul v. Hedemann-Heespen auf Deutsch-Nienhof, hat damals durch rührige Mitarbeit der Gesellschaft wertvolle Dienste geleistet. Dass er später ausschied, weil er später Wege ging, auf denen der Vorstand ihm nicht folgen konnte, war zu beklagen, hat aber der gesunden

---

307 Arnold Oskar Meyer: „Ein Jahrhundert Gesellschaft für schleswig-holsteinische Geschichte", in: Korrespondenz „Nordschleswig"/Flensburg. Nachrichten und Informationsmaterial zur deutsch-nordischen Frage, vom 9. Februar 1933, Bl. 1-6, hier: Bl. 1.
308 Ebd.
309 Ebd.
310 Artikel: Meyer, Arnold Oskar, in: Wolfgang Weber: Biographisches Lexikon zur Geschichtswissenschaft in Deutschland, Österreich und der Schweiz. Die Lehrstuhlinhaber für Geschichte von den Anfängen des Faches bis 1970, Frankfurt a.M. 21987, S. 208.
311 Meyer: Ein Jahrhundert „Gesellschaft für schleswig-holsteinische Geschichte", Bl. 4.

und im nationalen Unglück erst recht erstarkten Lebenskraft der Gesellschaft keinen Eintrag getan."³¹²

In der Darstellung der Nachkriegszeit, deutet Meyer den wachsenden Zulauf an Mitgliedern und die verstärkte landesgeschichtliche Forschung in folgender Weise:

> „Der Verlust Nordschleswigs steigerte das Bedürfnis nach Vertiefung unserer historischen Erkenntnis in ganz Schleswig-Holstein gerade so, wie nach 1864 der Verlust der Herzogtümer in Dänemark zu einer historischen Selbstbesinnung, zu ernster und nachhaltiger Beschäftigung mit der Geschichte Schleswig-Holsteins geführt hat. Jetzt erst, seit etwa 1920, wurde allmählich der Vorsprung eingeholt, den die dänische Forschung auf dem Gebiet unserer Landesgeschichte in mancher Hinsicht gewonnen hatte."³¹³

Ähnlich wie Pauls hebt Meyer den Vorsprung der dänischen Geschichtsforschung hervor und folgert, dass die Erfahrung der Kriegsniederlage zu einer verstärkten Beschäftigung mit der heimischen Geschichte geführt hätte. Darüber hinaus scheint Meyers Schilderung der letzten 20 Jahre vor der Hundertjahrfeier vor allem der Werbung für die Gesellschaft zu dienen. Es werden die rasch steigenden Mitgliederzahlen bis 1924 erwähnt, auf die „Wanderversammlungen" und öffentlichen Vorträge wird hingewiesen, aber auch ein Überblick gegeben über die Publikationen des Vereins sowie der vorzugsweise behandelten Themen.

Zum Abschluss bleibt ihm nur noch die begonnene Arbeit an der „Geschichte Schleswig-Holsteins", der großen geplanten Gesamtdarstellung, mit der sich die Gesellschaft auf ihre Anfänge besinne und „beginnt die Erbschaft Dahlmanns und Falcks besser gerüstet einzulösen"³¹⁴. Mit diesen Gedanken schließt Meyer, die Arbeit der Geschichtsgesellschaft in Vergangenheit und Zukunft feierlichen Worten würdigend:

> „Die schleswig-holsteinische Geschichtsforschung wäre ohne die Leistung der Gesellschaft undenkbar, deren Entwicklung selbst ein Stück Geschichte geworden ist. Ihre geistigen Grundlagen, die enge Verbindung strengster Wissenschaft und warmempfunder Heimatliebe, sind sich gleich geblieben. Ein Jahrhundert der ‚Gesellschaft für schleswig-holsteinische Geschichte' liegt hinter uns. Grosses ist getan, Grösseres noch lässt uns die Zukunft erwarten."³¹⁵

4.2 Der Festakt

Das Presseecho auf die Feierlichkeiten der Gesellschaft war im Land verhältnismäßig groß. Fast in jeder regionalen Zeitung wurde von der Jubiläumsfeier berichtet. Trotz des Tages von Potsdam, der am 21. März 1933 stattfand und der Vorbereitungen auf das Ermächtigungsgesetz, welches am 24. März erlassen wurde, kam der Meldung über das Jubiläum der Gesellschaft eine hohe Priorität zu. In den Kieler Neuesten Nachrichten erschien der Artikel sogar auf Seite 2.³¹⁶ Dies gibt Aufschluss darüber,

---

312 Ebd., Bl. 5.
313 Ebd., Bl. 6.
314 Ebd., Bl. 6.
315 Ebd.
316 „Hundertjahrfeier der Gesellschaft für Schleswig-Holsteinische Geschichte. Festsitzung in der Aula der Universität", in: Kieler Neueste Nachrichten, vom 21. März 1933.

welchen Platz die Gesellschaft im öffentlichen Leben des Landes spielte. Ihr hundertjähriger Geburtstag wurde in den Zeitungen als ein großes historisches Ereignis Schleswig-Holsteins behandelt.

Da keine der Reden, die während der Veranstaltung gehalten wurden, als Quelle vorliegen, wird der Festakt aus den Berichten der Tageszeitungen rekonstruiert.[317] Sie berichteten über den Festgottesdienst, der am Morgen des 19. März in der Nicolai-Kirche stattfand und die Feierlichkeiten einleitete. Die Predigt, die sich mit Gottes Einfluss auf den Gang der „Geschichte eines Volkes"[318] befasst, wurde von dem holsteinischen Bischof Adolf Mordhorst gehalten. Des Weiteren wurden die Feierlichkeiten am frühen Nachmittag in der Aula der Universität mit etwa 200 geladenen Gästen gewürdigt.[319] Ausführlich wird in vielen Zeitungsberichten über die Begrüßung des Vorsitzenden der Gesellschaft Hermann Todsen[320] berichtet sowie über die Festrede des Landeshistorikers Otto Scheel.

Während die Veröffentlichungen, die die Vorbereitungen des Jubiläums begleitet hatten, geprägt waren von der Frage um Verdienste, derer sich die Gesellschaft für Schleswig-Holstein und die Landesgeschichte verdient gemacht hat, dementsprechend vor allem die Vergangenheit würdigten oder kritisch beleuchteten, wird durch die Zeitungsartikel zum Festakt deutlich, dass hier ein Bezug auf die Gegenwart und die Zukunft genommen wird. Der Festakt steht demnach ganz im Zeichen des kurz zuvor an die Macht gelangten nationalsozialistischen Regimes. Kein Festredner lässt es aus, die Hoffnungen zu formulieren, die dies für die Zukunft Deutschlands im Allgemeinen, aber auch, dem Anlass entsprechend, für die Zukunft der schleswig-holsteinischen Geschichtsgesellschaft bedeutet.

4.2.1 Die Festpredigt

Obwohl die Zeitungen sehr unterschiedliche Schwerpunkte in der Wiedergabe des Festgottesdienstes legen, geht doch aus allen hervor, dass Mordhorst einerseits der

---

317 Es lagen für diese Arbeit die Zeitungberichte aus folgenden Tageszeitungen vor: „Hundert-Jahrfeier der Gesellschaft für Schleswig-Holsteinische Geschichte", in: Kieler Zeitung, vom 20. März 1933; „100 Jahre Schleswig-Holsteinische Geschichte", in: Flensburger Nachrichten, vom 21. März 1933; „Hundertjahrfeier der Gesellschaft für schleswig-holsteinische Geschichte. Festliche Veranstaltung in Kiel", in: Schleswiger Nachrichten, vom 21. März 1933; „Hundertjahrfeier der Gesellschaft für Schleswig-Holsteinische Geschichte". Festsitzung in der Aula der Universität", in: Kieler Neueste Nachrichten, vom 21. März 1933.
318 „Festsitzung", in: KNN, vom 21. März 1933.
319 Vgl. dazu die Gästeliste zu den Feierlichkeiten, LAS Abt. 397, Nr. 52, Hundertjahrfeier (1).
320 Hermann Bendix Todsen (1864-1946) war zwischen 1899 und 1930 der Oberbürgermeister der Stadt Flensburg, von 1899 bis 1918 Mitglied des Preußischen Herrenhauses. Nach dem Krieg trat er als Sachverständiger für die Schleswigfrage der deutschen Friedensdelegation in Versailles auf. Bis 1930 war er ständiges Mitglied des Preußischen Staatsrates, danach, bis 1933, stellvertretendes Mitglied. Den Vorsitz der Gesellschaft übernahm er 1930 und im September 1933 wurde er von Jens Jessen in dieser Position abgelöst. Vgl. http://www.bundesarchiv.de/aktenreichskanzlei/1919-1933/0001/adr/adrsz/kap1_2/para2_77.html, letzter Zugriff am 17. April 2010.

„von der Gesellschaft geleisteten Arbeit gedachte"[321], andererseits eine Verbindung zog, zwischen Weltgeschichte und Heilsgeschichte.[322] Hier soll besonders der zweite Aspekt hervorgehoben werden.

Mordhorst habe diese Verbindung dahingehend gedeutet, dass die Geschichte eines Volkes Äußerung der Offenbarungen Gottes sei.[323] Er beziehe dies auf die Gegenwart, auf die „Machtergreifung" Hitlers, denn er äußere sich im Weiteren zu dem „Aufbruch der Nation"[324] und der „Zeitenwende", die mit „starker Begeisterung" eingeleitet wurde.[325]

Nachfolgend habe er laut der Berichte seine Hoffnung ausgedrückt, die er für die Zukunft Deutschlands unter den Nationalsozialisten hegt. Denn diese „Begeisterung in der Nationalen Bewegung unserer Tage"[326] soll alle im „vaterländischen Gedanken" vereinen. Bekräftigt wurde dieses Bekenntnis durch eine Erklärung, die Mordhorst zusammen mit Eduard Völkel, dem Bischof von Schleswig, im Anschluss an die Predigt abgab und in der sie Gott für das neue Regime mit diesen Worten dankten:

> „Aus deutscher Not ist in nationaler Besinnung eine deutsche Freiheitsbewegung erwachsen, die führenden Männer haben offen bekannt, dass nur auf christlicher Basis ein gesundes Staatswesen sich entwickeln kann. Das ist eine Wendung, für die wir Gott von Herzen danken."[327]

Dass sich Mordhorst allerdings ein Staatswesen auf christlicher und völkischer Basis vorstellt, will „Die Kieler Zeitung", die von Pauls gegenüber Meyer als „nationalsozialistisches Organ" bezeichnet wurde,[328] aus der Predigt vernommen haben, denn hier wird Mordhorst folgendermaßen wiedergegeben:

> „Eine nach christlichen Grundsätzen wirkende Staatsführung habe das Volk zur selbstlosen Hingabe an die Gesamtheit zu erziehen. Aus dieser ehrlichen Heimatliebe müsse das Streben nach Reinerhaltung deutscher Art und Ablehnung unreinen Wesens erwachsen."[329]

Sowohl in der „selbstlosen Hingabe an die Gesamtheit" als auch durch das „Streben nach Reinerhaltung deutscher Art und Ablehnung unreinen Wesens" wird deutlich, dass die Predigt deutlich nationalsozialistische Ideologie enthält und die Veranstaltung in dieser Weise ausgedeutet wurde. Es wird also schon durch diese Festpredigt ein Einblick gegeben, unter welchen Vorzeichen die Veranstaltung begangen wurde. Hier zeigt sich, wie das öffentliche Leben, noch keine zwei Monate nach der nationalsozialistische „Machtübernahme", bereits durchdrungen war von den Ideen des neuen Regimes.

---

321 „100 Jahre", in: FN, vom 21. März 1933.
322 „Festsitzung", in: KNN, vom 21. März 1933.
323 Ebd.
324 „100 Jahre", in: FN, vom 21. März 1933.
325 „Hundert-Jahrfeier", in: KZ, vom 20. März 1933.
326 „100 Jahre", in: FN, vom 21. März 1933.
327 „Festliche Veranstaltung", in: SN, vom 21. März 1933.
328 LAS Abt. 397, Nr. 52, Brief Pauls an Meyer, vom 3. Dezember 1932.
329 „Hundert-Jahrfeier", in: KZ, vom 20. März 1933.

4.2.2 Die Begrüßungsrede Hermann Todsens

Todsens Rede beginnt, wie auch Pauls und Meyers Darstellungen, mit einem kurzen Abriss über die Gründung und die Geschichte der vergangenen hundert Jahre der schleswig-holsteinischen Gesellschaft. Der Geschichtsverein sei laut Todsen entstanden, als nach der Französischen Revolution und den Befreiungskriegen „bei den Deutschen das Nationalgefühl wieder erwachte"[330]. Wie auch Meyer beschreibt Todsen also das Aufkommen eines Nationalismus, als geistige Strömung explizit des 19. Jahrhunderts fälschlicherweise als das „Wiedererwachen" eines Nationalgefühls. Mit dieser Ausdeutung des nationalen Bewusstseins wird suggeriert, dass die Herzogtümer Schleswig und Holstein schon immer deutsches Territorium gewesen wären und nur eine Zeit lang unter dänischer Vorherrschaft standen. Laut Todsen häte das „Wiedererwachen" des Nationalgefühls nun aber dazu geführt, dass eine neue Definition des staatsrechtlichen Verhältnisses der Herzogtümer zu Dänemark notwendig geworden wäre. Todsen stellt hier aber, anders als Pauls, ganz klar ein „deutsches" Nationalgefühl vor, das dem Verbleiben im dänischen Gesamtstaat widerspricht und zeigt nicht wie Pauls auf, dass es eine überwiegend auf einen staatsrechtlich unabhängigen schleswig-holsteinischen Staat abzielende Bewegung war.

Todsen versucht damit die Vorstellung eines deutschen Nationalismus zu schaffen, der sich über ein Jahrhundert in Schleswig-Holstein erhalten hätte und nun befruchtet wird. Denn wie weiterhin in den Zeitungsartikeln gezeigt wird, verknüpft er das Nationalgefühl vergangener Zeit ganz explizit mit der Gegenwart beendet in diesem Sinne seine Ansprache mit einem Wunsch für die Zukunft. Dieser Wunsch beinhaltet,

> „daß ebenso wie das Erwachen des Nationalbewusstseins vor hundert Jahren auch das jetzige Aufflammen des Nationalgefühls zum Besten des Vaterlandes und der Gesellschaft für Schleswig-Holsteinische Geschichte gereichen möge."[331]

Mit dieser Analogie, zwischen der Situation 1833 und 1933, wird die Hoffnung zum Ausdruck gebracht, dass durch die neue nationalsozialistische Herrschaft, Heimat und Nation, wie auch 1833, verstärkt in den Vordergrund des gesellschaftlichen Interesses gerückt werden und die Gesellschaft in ihrer Arbeit davon profitieren beziehungsweise angeregt wird.

4.2.3 Die Festrede Otto Scheels

In der hoch gelobten Festrede des Landeshistorikers der Universität Kiel, mit dem Titel „Die Landesgeschichte und die deutsche Geschichtswissenschaft", versucht Otto Scheel, der landesgeschichtlichen Forschung einen Platz in der Geschichtswissenschaft zuzuordnen.[332]

Dabei argumentierte Scheel für eine Aufwertung und Anerkennung der landesgeschichtlichen Forschung. Die Kieler Neuesten Nachrichten resümieren, dass Scheels

---

330 „Festsitzung", in: KNN, vom 21. März 1933.
331 Ebd.
332 Scheel: Allgemeine Geschichte, S. 113.

Kernaussage die Feststellung enthalte, dass sich kein Unterschied feststellen ließe, zwischen Landes- und Allgemeingeschichte.[333] Auch Allgemein- oder Weltgeschichte könne niemals wirklich universal sein. Geschichtswissenschaft sei immer partikular. Vielmehr sei eine National- oder Universalgeschichte nur möglich durch die Vorarbeit der „Spezialuntersuchungen der Landesgeschichte."[334] Landesgeschichte, aber vor allem landesgeschichtliche Quellenforschung, sei „unentbehrlich und die Bedingung jeder historischen Forschung."[335] Die Kieler Zeitung hebt besonders Scheels Ausführungen hinsichtlich der „Geschichte des deutschen Volks- und Kulturbodens" hervor, die laut Scheel ebenso nationale Geschichte sei wie die politische Geschichte[336]. Scheel argumentiert hier volksgeschichtlich, in dem er auf den Volks- und Kulturboden verweist und somit einem Konzept Rechnung trägt, das ein „deutsches Volks- und Kulturgut" über die Staatgrenzen hinaus beschreibt, die nicht als deckungsgleich mit dem „Siedlungsraum der ‚Deutschen'" empfunden wurde.[337] Ein Ansatz der Geschichtswissenschaft, der von den Nationalsozialisten aufgegriffen wurde, um die Gebietsforderungen vor allem in Osteuropa pseudowissenschaftlich zu untermauern und mit dem die „Restitution der deutschen Machtposition in Europa" vorangetrieben werden sollte.[338] So heißt es in diesem Sinne in Scheels Festvortrag:

> „Nur die Landesgeschichte kann den großen deutschen Volksstrom erkennen und in seiner Bedeutung erfassen, der in den Osten und Südosten sich ergossen und Böhmen halb eingekreist hat, der die Schwentine und Eider überwunden hat und im 19. Jahrhundert unter den Händen des Größten unserer Staatsmänner eine Mittel der deutschen Einigung und der Einordnung deutschen jenseits der Reichsgrenze gewachsenen Volksbodens in den nationalen Staat wurde."[339]

Anschließend konstruiert er in Fortführung der oben schon angedeuteten Linie die nationale Bedeutung der Landesgeschichtsschreibung aus den Ergebnissen des Versailler Friedensschlusses. Er bemüht die in dieser Zeit gängige Auffassung, dass Deutschland so viele Gebietsverluste erlitten habe, weil die deutsche Geschichtsschreibung den Nachbarländern nichts entgegenzusetzen hatte. Die Notwendigkeit einer Landesgeschichtsschreibung hätte sich bei „der Aufstellung des Versailler Vertrages" gezeigt, „bei der wir nicht einmal kartographisch den Feinden gewachsen waren, [...] und zeigt sich jetzt wieder im Osten bei der polnischen Geschichtsklitterung."[340] Die schleswigsche Zeitung folgert aus diesen Worten, dass die Landesgeschichte dementsprechend „zum Dienst am deutschen Volke berufen"[341] sei. Die Aufgabe, die Scheel dem „wahren Historiker" in seiner Rede zuschreibt, wird in den Kieler Nachrichten folgendermaßen wiedergegeben: „Er habe der Vergangenheit Leben zu geben

---

333 Vgl. ebd.
334 „Hundert-Jahrfeier", in: KZ, vom 20. März 1933.
335 Scheel: Allgemeine Geschichte, S. 121.
336 „Hundert-Jahrfeier", in: KZ, vom 20. März 1933.
337 Vgl. Hettling: Volk, S. 12.
338 Vgl. Oberkrome: Volksgeschichte, S. 23.
339 Scheel: Allgemeiner Geschichte, S. 124.
340 Ebd.
341 „Festliche Veranstaltung", in: SN, vom 21. März 1933.

und habe in das Amt eines Propheten, der die Zukunft seelisch zu gestalten weiß hineinzuwachsen."[342]

Dies sei also die „schwere, aber auch gewaltige Aufgabe" der Gesellschaft für Schleswig-Holsteinische Geschichte, im neuen Deutschland „Kräfte zu sammeln und zu künden."[343] Scheel habe abschließend der Hoffnung Ausdruck gegeben, dass es gelingen werde diese Aufgabe, „zum Wohle des Vaterlandes zu lösen"[344] Aufgabe der Geschichtswissenschaft ist laut Scheel also nicht nur ein gegenwärtiges Erkenntnisinteresse bezogen auf Vorgänge in der Vergangenheit, für eine Orientierung der Gegenwart zu deuten. Sondern mit der Deutung der Vergangenheit ist ein gestalterisches Moment in Bezug auf die Zukunft enthalten. Demnach ist es also die Aufgabe des Historikers, die Zukunft bewusst durch die historische Erkenntnis zu gestalten und sie damit zu beeinflussen. Dies geht weit über die bloße Orientierung hinaus und weist auf eine Instrumentalisierung der Wissenschaft im Sinne des Vaterlandes und des Volkes. Durch die Verknüpfung mit Scheels vorherigen Ausführungen über die „Geschichte des Volks- und Kulturbodens", die er mit der Landesgeschichte gleichsetzt, kommt hiermit der Geschichtswissenschaft definitiv eine revisionistische Funktion auf völkischer Grundlage zu. Ob Scheel die nationalsozialistische Rassenideologie oder das Lebensraum-Theorem in diese Überlegungen zur Instrumentalisierung der historischen Forschung mit einbezieht, muss offen bleiben. Doch seine Aussagen geben definitiv Anlass zu der Frage, ob und wie dies in den folgenden zwölf Jahren von der Gesellschaft für Schleswig-Holsteinische Geschichte umgesetzt wurde und die Gesellschaft sich für einen „Verdienst am deutschen Vaterlande"[345] in den Dienst des Nationalsozialismus stellte.

Für den gesamten Festakt gilt, dass sich die Redner hier natürlich öffentlich vorstellten und die hier gemachten Bekenntnisse nicht zwingend der persönlichen, politischen Einstellung des Redenden entsprungen sein müssen. Dennoch kann festgehalten werden, ob die Aussagen nun auf persönlicher Überzeugung basierten oder nicht, dass die Repräsentanten des Vereins sich nur wenige Monate nach der nationalsozialistischen „Machtergreifung", dem neuen Regime andienten und der politische Wandel zum Anlass genommen wurde, die Aufgaben der Geschichtswissenschaft generell und die Aufgaben der Geschichtsgesellschaft im Besonderen im Sinne der kürzlich an die Macht gelangten Regierung neu zu definieren.

---

342 „Hundert-Jahrfeier", in: KZ, vom 20. März 1933.
343 „Festsitzung", in: KNN, vom 21. März 1933.
344 „100 Jahre", in: FN, vom 21. März 1933.
345 Scheel: Allgemeine Geschichte, S. 125.

5. Die Gesellschaft für Schleswig-Holsteinische Geschichte im Nationalsozialismus

5.1 Personelle Bedingungen und Veränderungen

Nach der „Machtübernahme" der Nationalsozialisten veränderte sich zunächst einmal wenig innerhalb der Gesellschaft. Bis März 1933 war jegliche Aktivität der Vorstandsmitglieder auf die Hundertjahrfeier konzentriert. Doch schon innerhalb des Sommers trat der Vorsitzende, Dr. Hermann Todsen, von seinem Amt zurück. An seine Stelle trat der Wirtschaftswissenschaftler Jens Jessen[346], der kurz zuvor an die Universität Kiel zurückgekehrt war und die Leitung des Kieler Instituts für Weltwirtschaft übernommen hatte. Obwohl Jessen bereits ein Jahr später von der Position als Vorsitzender der Gesellschaft zurücktrat, da er nach Marburg versetzt wurde und während dieser kurzen Amtszeit schwerlich viel für die Gesellschaft erreichen konnte, stellte er wohl eine der bekanntesten und bedeutendsten Persönlichkeiten dar, die den Vorsitz des Geschichtsvereins im 20. Jahrhundert inne hatten. Schon vor 1933 bekennender und überzeugter Nationalsozialist, gehörte er später zu den Vorbereitern des Stauffenberg-Attentats auf Hitler am 20. Juli 1944 und wurde aufgrund seiner Beteiligung hieran im November 1944 ermordet. Seine Ernennung zum Vorsitzenden geschah ohne Zweifel auch aus politischen Erwägungen heraus, weshalb Jessen in dieser Arbeit Erwähnung finden sollte.

Nach Jessen nahmen die Landeshauptmänner Schleswig-Holsteins die Position des 1. Vorsitzenden ein. Hier folgte Wilhelm Schow[347] seinem Vorgänger Otto Röer[348]

---

346 Jens Jessen (1895-1944) wurde in Nordschleswig geboren und wuchs dort auf. 1914 meldete er sich freiwillig zum Kriegsdienst. Nach drei Verwundungen wurde er aufgrund seiner Kriegsverletzungen 1918 vorzeitig entlassen. Er studierte Rechts- und Staatswissenschaften an der Universität Kiel und promovierte schon 1920 bei Richard Passow zum Dr. sc. pol und bei Max Pappenheim zum Dr.jur. Nach beruflichen Stationen in Kopenhagen und Buenos Aires kehrte er nach Deutschland zurück und habilitierte sich ebenfalls bei Passow, der mittlerweile in Göttingen lehrte. An der Universität Göttingen machte sich Jessen vor allem durch die Gründung des „Seminars für Wirtschaftslehre der Unternehmungen" einen Namen. Ende des Sommersemesters 1933 schlug der bisherige Direktor des „Instituts für Weltwirtschaft und Seeverkehr" in Kiel Harms Jessen als seinen Nachfolger vor. Doch aufgrund einer Intrige, die sich um den Ministerialrat im preußischen Kultusministerium Joachim Haupt rankte, wurde Jessen schon im August 1934 an die Universität Marburg strafversetzt. Nach einer Berufung an die Handelshochschule Berlin nahm er im Wintersemester die Lehrtätigkeit als ordentlicher Professor für Volkswirtschaftslehre an der Universität Berlin auf. In diese Zeit fällt die Affäre um seine Parteizugehörigkeit, die Zweifel an seiner politischen Zuverlässigkeit aufkommen ließ. Ab 1939 nahm er an den Treffen der „Mittwochsgesellschaft" teil, aus der eine Reihe aktiver Mitglieder des Widerstands gegen den Nationalsozialismus hervorgegangen sind. Die Rolle, die er bei der Vorbereitung des Attentats spielte, ist bis heute nicht hinreichend geklärt. Er wurde dennoch im Oktober 1944 trotz dem seine Tatbeteiligung unterschätzt wurde, wegen „Nichtanzeige einer hoch- und landesverräterischen Straftat in einem besonders schweren Fall" zum Tode verurteilt. Vgl. Hartwig Molzow: Jessen, Jens Peter, in: Biographisches Lexikon für Schleswig-Holstein und Lübeck, Bd. 12, Neumünster 2006, S. 235-243.

347 Wilhelm Carl Ernst Schow (1896-1946) war seit 1929 Regierungsrat der Regierung in Schleswig. Im Mai 1933 trat der der NSDAP bei und wurde ins Oberpräsidium Schleswig-Holstein

81

sowohl in der Position des Landeshauptmanns bei der Provinzialverwaltung als auch bei der schleswig-holsteinischen Geschichtsgesellschaft. Diese personellen Veränderungen sollen nachfolgend kurz erläutert werden.

5.1.1 Jens Jessen

Jens Jessen eignete sich 1933 aus zwei Gründen für den Vorsitz des schleswig-holsteinischen Geschichtsvereins. Zunächst war er 1895 in Stoltelund bei Tingleff in Nordschleswig geboren und dadurch mit der deutsch-dänischen Grenzfrage bestens vertraut. Er selbst zählte sich zu der „Generation, deren Mitglieder sich durch das Fronterlebnis des Ersten Weltkriegs einander eng verbunden fühlten" und deren „Kriegseindrücke für viele zum Ausgangspunkt ihrer Welt- und Lebensanschauung"[349] wurde. Laut Ahrens-Schlüter habe dies bei Jessen dazu geführt, dass er sich politisch der „konservativen Revolution" verpflichtet fühlte, „einer Bewegung, die sich in der Weimarer Republik von liberaldemokratischen Idee und der bloßen Restauration abzugrenzen versuchte."[350] Mit diesem Hintergrund fühlte er sich höchstwahrscheinlich dem national-konservativ geprägten Vorstand der Geschichtsgesellschaft und ihrer revisionistischen Geschichtswissenschaft verbunden.

Des Weiteren galt Jessen, der von sich selbst behauptete, er sei schon 1930 der NSDAP beigetreten,[351] weithin als linientreuer Nationalsozialist. Er selbst sagte von sich, er sei „einer der ersten wissenschaftlichen Vertreter des Nationalsozialismus an einer deutschen Hochschule"[352] gewesen. Zudem hatte er es sich eigenen Aussagen zufolge zur Aufgabe gemacht, „eine Stätte zu schaffen, an der die Sozial- und Wirt-

---

versetzt. Hier hatte er das Amt eines Oberregierungsrats inne und war mit der ständigen Vertretung des Oberpräsidenten Hinrich Lohse beauftragt. 1938 wurde er zum Landeshauptmann ernannt. Vgl. Artikel: Schow, Wilhelm. Landeshauptmann Schleswig-Holstein, in: Ernst Klee: Das Personenlexikon zum Dritten Reich. Wer war was vor und nach 1945? Frankfurt a. M. 2003, S. 558.

348 Otto Röer (1881-?) wurde nach einer militärischen Karriere und der Beamtenlaufbahn 1932 zum Landeshauptmann der Provinz Schleswig-Holstein berufen. Über den Regimewechsel hinaus blieb er bis 1938 in dieser Position. Aus welchem Grund er mit schon 57 Jahren von seinem Nachfolger Wilhelm Schow abgelöst wurde, ließ sich leider nicht ermitteln. Vgl. Artikel: Röer, Otto, in: Wer ist's? Unsere Zeitgenossen, Berlin [10]1935, S. 353.
349 Ahrens-Schlüter: Der Volkswirt Jens Jessen, S. 22.
350 Ebd., S. 23.
351 Um die Parteimitgliedschaft Jessens entbrannte 1938 ein Skandal, denn es konnte bei Nachforschungen seitens der Partei keine Mitgliedschaft festgestellt werden, obwohl Jessen beharrlich darauf bestand, dass er sich bereits vor 1933 bei der Reichsleitung in München direkt angemeldet hätte. Einen Mitgliedsausweis konnte er jedoch nicht vorweisen. Nur durch die Hilfe des preußischen Staatsministers Johannes Popitz, auch er ein Mitglied der Mittwochsgesellschaft und an dem Attentat 1944 beteiligt, Reichserziehungsministers Bernhard Rust und seines „Meisterschülers" Ohlendorf konnte Jessen sich einer Anzeige bei der Staatsanwaltschaft entziehen. Vgl. Helmut Heiber: Universität unterm Hakenkreuz. Teil 1: Der Professor im Dritten Reich. Bilder aus der akademischen Provinz, München u.a. 1991, S. 197-201.
352 Rede Jens Jessens anlässlich der Sommer-Veranstaltung der GSHG, abgedruckt in: Jahresbericht für 1933, in: ZSHG 63 (1935), S. 504.

schaftslehre des Nationalsozialismus ein zentrales Studium findet"[353]. Dies hoffte er an dem Kieler „Institut für Weltwirtschaft und Seeverkehr" umsetzen zu können.

Einen Mann mit einer solch starken Bindung an das neue Regime im September 1933 als Vorsitzenden einzusetzen, hatte also vermutlich in erster Linie den Grund, einer möglichen Gleichschaltung oder Auflösung der Gesellschaft durch den Staatsapparat zuvor zu kommen. Mit dieser personellen Umgestaltung demonstrierte der Vorstand, dass der Verein den politischen Wandel anerkannte und sich auf die neue politische Richtung einlassen würde. Die Position Volquart Pauls wurde jedoch nicht angetastet. Er blieb in dem mit Jessens Aufnahme gleichzeitig auf drei Mitglieder beschränkten Vorstand der Schriftführer.[354] Dieser personelle Wandel bedeutet also in erster Linie eine äußerliche Umgestaltung, da der Vorsitzende zwar die Gesellschaft nach außen hin repräsentierte, jedoch wenig Anteil an der inhaltlichen und programmatischen Gestaltung der landesgeschichtlichen Arbeit der Gesellschaft hatte.

5.1.2 Die Amtszeit der Landeshauptmänner

Welche Auswirkungen der erneute Wechsel des 1. Vorsitzenden Mitte der 1930er Jahre auf die Arbeit des Vereins hatte, soll im Folgenden erläutert werden. Einige Mitglieder beobachteten die Bewegung zumindest mit Skepsis, wie ein Brief des nordschleswigschen Mitglieds Jacob Jebsen aus Apenrade von Dezember 1935 an den Schriftführer Volquart Pauls zeigt: Jebsen begründete hier die Kündigung seiner Mitgliedschaft wie folgt:

> „Gleichzeitig zeige ich meinen Austritt aus der Gesellschaft an. Der häufige Wechsel in der Leitung und die vermutlich damit verbundene Aenderung der alten Arbeitsweise der Gesellschaft geben dazu die Veranlassung."[355]

Hiermit bezog sich Jebsen darauf, dass innerhalb von fünf Jahren vier Mal der 1. Vorsitzende ausgetauscht worden war. Nachdem Ahlmann im Geschäftsjahr 1930 das Amt niedergelegt hatte, fungierte Hermann Todsen bis 1933 als Vorsitzender. Sein Nachfolger Jens Jessen gab, wie oben bereits erwähnt, nach einer ebenfalls sehr kurzen Amtszeit den Vorsitz wieder auf, da er nach zwei Semestern an der Universität Kiel nach Marburg strafversetzt und dann nach Berlin berufen wurde. Der schleswigholsteinische Landeshauptmann Röer ersetzte ihn in dieser Position. Daher liegt die Vermutung nahe, dass Jebsen auf eine Veränderung der wissenschaftlichen Arbeit des Geschichtsvereins anspielt, da die nun besiegelte Verbindung zwischen nationalsozialistischer Führung und der Gesellschaft einen stärkeren inhaltlichen Wandel mit sich bringen könnte. Pauls wies das jedoch entschieden von sich und konnte Jebsen dazu bewegen, seinen Austritt zu widerrufen:

> „Wir bedauern das [Jebsens Austritt] um so mehr, als uns für unsere Arbeit gerade die Verbindung mit dem abgetrennten Nordschleswig von größter Wichtigkeit ist. Dadurch, daß

---

353 Ahrens-Schlüter: Der Volkswirt Jens Jessen, S. 36.
354 Die innerinstitutionellen Umgestaltungen, vor allem die Satzungsänderungen 1933 und 1935, werden im Kapitel 5.2 ausführlich thematisiert.
355 LAS Abt. 397, Nr. 61, Brief Jacob Jebsens an die Gesellschaft für schleswig-holsteinische Geschichte, vom 28. Dezember 1935.

nach der Berufung Professors Jessens nach Berlin der Vorsitz an den Landeshauptmann der Provinz übergegangen ist, ist gerade der alte Zustand, die engste Anlehnung der Gesellschaft an die Provinzialverwaltung, wiederhergestellt worden, sodaß dadurch die bewährten Arbeitsweisen der Gesellschaft, in der bisher eine Änderung nicht eingetreten ist, für die Zukunft gewährleistet wird."[356]

Pauls betont also, dass „der alte Zustand" wieder hergestellt sei. Damit verweist er darauf, dass seit dem Ende des 19. Jahrhunderts der Landeshauptmann oft den Vorsitz der Gesellschaft inne hatte. Da dies nun aber seit über zehn Jahren nicht der Fall war, stellt sich die Frage, warum man nun zu diesen alten Gewohnheiten, dazu in einem neuen Herrschaftssystem, wieder zurückfand. Röer hatte sich jedoch schon über mehrere Jahre hinweg für die Gesellschaft engagiert und zuletzt das Amt des Rechnungsführers bekleidet, sodass seine Ernennung zum Vorsitzenden nach dem Ausscheiden Jessens als praktikabelste Lösung nahe lag. Auch Schow war schon vor 1933 im Vorstand der Gesellschaft, hatte demnach Interesse und Erfahrung im Umgang mit der landesgeschichtlichen Arbeit. Hinweise darauf, ob und wenn ja inwieweit Röer versuchte die Gesellschaft inhaltlich und programmatisch in eine bestimmte Richtung zu drängen, gibt es weder in den Archivbeständen, noch in den Publikationen der Gesellschaft. Pauls nutzte jedoch diese Verbindung, um sich finanzielle Unterstützung von der Provinz zu sichern.[357]

Dass Schow, der ab 1938 den Vorsitz übernahm, seine Position in der Gesellschaft wahrnahm, um Einfluss auf die Arbeit der Gesellschaft auszuüben, lässt sich dagegen etwas besser nachvollziehen. Die Korrespondenz zwischen Pauls und ihm zeigt, dass er über viele Entwicklungen informiert wurde. Pauls wendet sich zudem einerseits in finanziellen und organisatorischen Fragen an ihn, wie beispielsweise betreffend des Drucks der „Geschichte Schleswig-Holsteins" sowie hinsichtlich vereinsinterner personeller Schwierigkeiten.

So mischte sich Schow auf Anfrage Pauls in einen Streit zwischen dem Schriftführer und dem Mitherausgeber der Landesgeschichte Otto Scheel ein, in dem es darum ging, dass Scheel außer einer Lieferung zur Frühgeschichte Schleswig-Holsteins, die von ihm übernommenen Abschnitte der Landesgeschichte in neun Jahren nicht bearbeitet hatte. Schow nimmt sich dieser Sache an und erklärt dem Ordinarius für Landesgeschichte in scharfem Ton, dass er seiner wichtigsten Aufgabe, „den wesentlichen Anteil der Landesgeschichte zu schreiben", nicht nachgekommen sei.[358] Schon 1933 hätte die Landesgeschichte fertig gestellt werden müssen, denn sie sei „kriegswichtiges" Propagandamaterial, dessen Stagnation „grenzpolitisches" Versagen zeigt.[359]

Nachdem von Scheel nur eine ausweichende Antwort auf die Frage, ob er noch an der Arbeit für die „Geschichte Schleswig-Holsteins" interessiert sei, kam, sieht sich

---

356 LAS Abt. 397, Nr. 61, Brief Pauls an Jebsen, vom 9. Januar 1936.
357 Pauls nutzte diese Verbindung aus, um die Gesellschaft als wichtigste landesgeschichtliche Institution in den Vordergrund zu rücken und damit einen Großteil der Beihilfe der Provinzal-Kommission für Kunst, Wissenschaft und Denkmalpflege zu erlangen. In Kapitel 5.2 wird dies näher ausgeführt.
358 LAS Abt. 397, Nr. 365, Brief Schows an Scheel, vom 16. Juli 1942.
359 Ebd.

der Landeshauptmann gezwungen, Scheel aus der Herausgabe der Landesgeschichte auszuschließen.

> „Ich sehe mich somit zu der Feststellung gezwungen, daß Sie dem Werk, dessen Herausgabe Sie schon vor 1933 mit übernommen haben, in den ganzen vergangenen Jahren nicht nur keine Förderung haben angedeihen lassen, sondern daß sie so gut wie nichts getan haben, um die als Mitherausgeber übernommenen Verpflichtungen zu erfüllen."[360]

Der Einfluss des nationalsozialistischen Regimes, in der Gesellschaft personell vertreten durch den Landeshauptmann Schow, ist zudem vermutlich in der inhaltlichen Gestaltung der Zeitschrift zu finden. In den Bänden 69 (1941) und 70/71 (1943) erschienen unter der Überschrift „Beiträge zur Judenfrage in Schleswig-Holstein" zum Teil antisemitische und stark rassistisch geprägte Aufsätze, die der sonstigen Ausrichtung der Zeitschrift in keiner Weise entsprechen. Der nationalsozialistische Einfluss lässt sich hier nicht leugnen und es ist fraglich, ob Pauls sich im Alleingang für die Aufnahme dieser Texte entschieden hatte.

5.2 Institutionelle Gleichschaltung?

Die personellen Veränderungen waren nicht die einzigen Umgestaltungen, die sich durch die „Machtübernahme" der Nationalsozialisten ergaben. Auch die institutionellen Strukturen wurden nach den nationalsozialistischen Vorstellungen vom „Führerprinzip" im Laufe der Zeit verändert. Es lässt sich schwer deuten, welche Umstrukturierungen auf ehrgeizige Mitläufer und Anhänger des Nationalsozialismus im Verein zurückzuführen sind, und wo sie eher als selbsterhaltende Maßnahmen in der Anpassung an das totalitäre Regime eingeführt wurden.

Um eine Bewertung der Gesellschaft für Schleswig-Holsteinische Geschichte hinsichtlich dieser Frage vornehmen zu können, werden im Folgenden die sehr früh erfolgten Satzungsänderungen untersucht, das Verhältnis zu der Provinzialverwaltung aufgrund der Finanzierungen der landesgeschichtlichen Arbeit durch Mittel der Provinz, sowie einige Bemühungen Pauls um den Erhalt der Sonderstellung der Geschichtsgesellschaft, die sich durch Gründungen verschiedener nationalsozialistischer Einrichtungen bedroht fühlte.

5.2.1 Die Satzungsänderungen 1933 und 1935

Anfang September 1933 verkündete zunächst der Gesamtverein der deutschen Geschichts- und Altertumsvereine eine Umstrukturierung des Vorstandes und reagierte damit auf den Regimewechsel. Auf der Hauptversammlung des Gesamtvereins vom 3. bis zum 8. September 1933 wurde der Vereinsvorstand im Sinne des „Führerprinzips" umgestaltet. An die Stelle des 1. Vorsitzenden trat nun Willy Hoppe[361], welcher

---

360 LAS Abt. 397, Nr. 365, Brief Schows an Scheel, vom 23. Dezember 1942.
361 Willy Hoppe (1884-1960) absolvierte sein Studium an der Friedrich-Wilhelm-Universität in Berlin. Schon in seiner Habilitationsschrift widmete er sich der brandenburgischen Landesgeschichte, in der er ein Betätigungsfeld fand. 1933 wurde er zum Vorsitzenden des Gesamtver-

sich zuvor vor allem auf dem Gebiet der berlin-brandenburgischen Landesgeschichte profiliert und sich frühzeitig und vorbehaltlos zum Nationalsozialismus bekannt hatte.[362] Diesem Umstand verdankte er nun seinen Karrieresprung im „neuen Deutschland" auf universitärer und außeruniversitärer Ebene sowie den Höhepunkt seiner beruflichen Laufbahn unter den Nationalsozialisten.[363] Hoppe selbst schrieb im Korrespondenzblatt des Gesamtvereins:

> „Damit ist der Verband nationalsozialistischer Führung unterstellt. Er bekennt sich rückhaltlos zum neuen Staat. Er ist sich bewußt, daß er seine Aufgabe im Dritten Reich nur dann erfüllen kann und dann Bestand haben wird, wenn alle seine Glieder sich unbedingt die Forderung Adolf Hitlers an die Geschichtswissenschaft zu eigen machen."[364]

Mit diesem Schreiben, das auf den 23. September datiert ist, forderte Hoppe die Geschichtsvereine, die dem Gesamtverein angegliedert waren, dazu auf, unbedingt dem Beispiel des Dachverbandes nachzukommen. Damit wurden die regionalen Vereinigungen angehalten,

> „die Führung so umzugestalten, daß vollauf Gewähr für ein Arbeiten im Sinne des neuen Deutschland gegeben ist. Wahlen unterbleiben. Der als Führer bestellte bestimmt den ihm zur Seite stehenden Rat selbst."[365]

Für den schleswig-holsteinischen Geschichtsverein bedurfte es keiner solchen Aufforderung. Hier hatte man bereits am 16. September 1933 eine außerordentliche Mitgliederversammlung einberufen, bei der über eine Satzungsänderung abgestimmt werden sollte. Hier wurden die relativ pluralistischen Strukturen innerhalb des Vorstandes beschnitten. So wurde die Anzahl der Vorstandsmitglieder von neun bis 15 auf drei Mitglieder reduziert und der Vorstand bestand jetzt nur noch aus dem Vorsitzenden Jens Jessen, dem Schriftführer Volquart Pauls und dem Rechnungsführer,[366] dem späteren Vorsitzenden Wilhelm Schow. Nach außen hin erscheint diese Umgestaltung wie eine Einführung des „Führerprinzips". Doch entgegen der von dem Gesamtverein erteilten Weisung, dass Wahlen unterbleiben sollten, enthielt der geänderte §6 der Satzung des schleswig-holsteinischen Vereins, die Verfügung, dass alle Mitglieder des Vorstandes mit absoluter Mehrheit auf drei Jahre gewählt werden sollten.[367] Eine Wie-

---

eins der deutschen Geschichts- und Altertumsverein bestimmt: Unter der nationalsozialistischen Herrschaft erhielt er dann auch einen Ruf an die Berliner Universität als ord. Professor für Geschichtswissenschaft und landesgeschichtliche Forschung. 1945 wurde er aus beiden Ämtern aufgrund seiner Stellung zum Regime entlassen. Vgl. Artikel: Willy Hoppe in: Wolfgang Weber: Biographisches Lexikon zur Geschichtswissenschaft in Deutschland, Österreich und der Schweiz, Frankfurt a.M. 21987, S. 443f.

362 Vgl. Klaus Neitmann: Willy Hoppe, die brandenburgische Landesgeschichtsforschung und der Gesamtverein der deutschen Geschichts- und Altertumsvereine in der NS-Zeit, in: Blätter für Deutsche Landesgeschichte 141/142 (2005/2006), Bd. 1, S. 19.
363 Ebd.
364 Willy Hoppe: An die dem Gesamtverein angeschlossenen Verein und Institute, in: Korrespondenzblatt des Gesamtvereins der deutschen Geschichts- und Altertumsvereine 81 (1933), 2, Sp. 89/90.
365 Ebd.
366 Jahresbericht für 1933, in: ZSHG 63 (1935), S. 503.
367 Ebd.

derwahl war erlaubt. In den nächsten Jahren scheint es dann jedoch nicht mehr zu Wahlen gekommen zu sein, da 1935 eine weitere Satzungsänderung folgte.[368]

Gegen eine tatsächliche Umsetzung des „Führerprinzips" spricht zudem, dass dem Vorsitzenden keine herausragende Rolle innerhalb des Vorstands zugekommen zu sein scheint. So war es auch dem Schriftführer und dem Rechnungsführer gestattet, auf Antrag eine Vorstandssitzung anzuberaumen. Zudem oblag es dem Vorstand gemeinsam Kommissionen einzusetzen, die die wissenschaftlichen Arbeiten zu betreuen hatten. Die Kommissionen waren zwar in ihrer Entscheidungsfähigkeit beschränkt, da sie für Beschlüsse der Zustimmung des Vorstandes bedurften,[369] doch insgesamt lag die Verantwortung für die wissenschaftliche Arbeit nicht nur bei dem Vorsitzenden, sondern wurde geteilt zwischen ihm, den beiden anderen Mitgliedern des Vorstandes und den Kommissionen. Die Gesellschaft hatte also im Sinne der neuen Regierung eine Satzungsänderung durchgeführt und damit Kooperationsbereitschaft demonstriert, sich aber intern eine relativ pluralistische Struktur zu erhalten versucht. Dennoch hatte sich also die schleswig-holsteinische Geschichtsgesellschaft schon 1933 mit einer veränderten Satzung und einem Vorsitzenden, der sich bereits früh zum Nationalsozialismus bekannt hatte, auf die neue Zeit eingestellt.

Im Geschäftsjahr 1934 wurde dann die Anpassung vervollkommnet. Die 1935 erlassene neue Satzung entsprach nun vollends dem nationalsozialistisch geprägten Führungsstil und enthielt zudem einen „Arierparagraphen". So heißt es in dem Jahresbericht für das Geschäftsjahr 1934 über den Beschluss der Satzungsänderung bei der Mitgliederversammlung am 4. Januar 1935:

> „Die vom Vorstand der Mitgliederversammlung zur Genehmigung vorgelegte neue Satzung, die dem Führergedanken auch innerhalb unserer Gesellschaft Raum gibt, wurde [...] angenommen."[370]

Noch einmal wurde die Rolle des Vorstandes bestimmt. Durch die Einführung eines Beirats, dem der Schriftführer und der Rechungsführer angehörten, wurde deutlich gemacht, dass nur der Vorsitzende den Vorstand stellte und der Beirat lediglich beratende Funktion hatte. Der Vorsitzende entschied nach der neuen Satzung allein über die Besetzung des Beirats und des Ausschusses, ein weiteres Organ, das scheinbar die Kommissionen ersetzt hatte. Bei der Wahl der Beisitzer des Ausschusses war dem Vorsitzenden weitestgehend freie Hand gelassen. Satzungsgemäß wurde jedoch grob vorgegeben, wie dieses Gremium zu besetzen war.

> „Dem Ausschuß gehören an: Der Vorsitzende, die Mitglieder des Beirats, die Ehrenmitglieder der Gesellschaft, der Inhaber des landesgeschichtlichen Lehrstuhls an der Kieler Universität Kiel und eine Anzahl vom Vorsitzenden berufener Beisitzer, von denen einer Vertreter der NS-Kulturgemeinde sein muß."[371]

Damit war die Gesellschaft dem Willen des Vorsitzenden unterworfen und wurde auf der Ebene der Ausschuss-Arbeit von einem Vertreter der NS-Kulturgemeinde kon-

---

368 Vgl. Jahresbericht für 1934, in: ZSHG 64 (1936), S. 519.
369 Vgl. Jahresbericht für 1933, in: ZGSHG 63 (1935), S. 503.
370 Jahresbericht für 1934, in: ZSHG 64 (1936), S. 519.
371 Satzung der Gesellschaft für Schleswig-Holsteinische Geschichte 1935, in: Gesellschaft für Schleswig-Holsteinische Geschichte. Sammelband, o.O o.J, §9, Absatz 1.

trolliert. De facto war jedoch Pauls für die Geschäfte und die Publikationen zuständig und er schien immer noch sehr eigenständig handeln zu können.

Des Weiteren zeigt die Einführung eines Arierparagraphen, wie weit die nationalsozialistischen Strukturen übernommen worden waren. In § 3 der neuen Satzung heißt es:

> „Die Mitgliedschaft können Einzelpersonen arischer Abkunft, Behörden, Körperschaften, wissenschaftliche Institute und Vereine erwerben."[372]

Eine solche frühe und umfassende Umgestaltung der Satzung lässt darauf schließen, dass sich die Gesellschaft klar in den Dienst der neuen Regierung stellte, denn eine Gleichschaltung der historischen Vereine scheint nirgends gesetzlich vorgeschrieben worden zu sein und „folgte kaum einem einheitlichen Muster"[373]. Vor allem aber „führten keineswegs alle Vereine einen Arierparagraphen ein"[374], sodass gerade der Ausschluss „nichtarischer" Mitglieder ein Anzeichen dafür sein könnte, dass der schleswig-holsteinische Verein sich, wenn auch nicht unbedingt wohlwollend so doch akzeptierend, zu der rassistischen Ideologie der Nationalsozialisten stellte. Bestärkt wird dieser Eindruck durch die Ausführungen Seiers, welcher konstatiert, dass „die Schwankungsbreite der Gleichschaltungswirklichkeit beträchtlich war"[375]. Viele der Kommissionen und Geschichtsvereine hätten sich relativ lange, „oft bis 1938, unter Anlehnung an den veränderten Zeitgeist"[376] gegen eine völlige Übernahme der von den Nationalsozialisten postulierten Werte und Normen gewehrt. So jedoch nicht die Gesellschaft für Schleswig-Holsteinische Geschichte. 1935 war die institutionelle Umgestaltung mit Führerprinzip, Arierparagraphen und linientreuem Vorsitzenden abgeschlossen. Ein Brief Pauls an den Landeshauptmann Röer von 1934 bestätigt diese These, in dem er sich explizit auf die Funktion bezieht, die die neue Satzung für das Verhältnis zwischen Gesellschaft und Regierung einnehmen sollte.

> „Sie sieht eine enge Verbindung der Gesellschaft sowohl mit der Verwaltung des Provinzialverbandes wie auch mit der staatlichen Provinzialregierung (Oberpräsidenten) vor. Dadurch kommt noch stärker als bisher zum Ausdruck, dass die Geschichtsgesellschaft für Schleswig-Holstein die gleichen Aufgaben zu erfüllen hat wie die in andern Landesteilen bestehenden historischen Kommissionen."[377]

Mit dem Verweis darauf, dass die Gesellschaft die gleiche Position ausfüllt, wie in anderen Ländern die historischen Kommissionen, impliziert Pauls, dass die historische Forschung eng mit den Vorstellungen der Provinzialregierung in Verbindung stehen

---

372 Ebd., §3, Absatz 1. Hier heißt es in der Satzung, dass nur arische Personen die Mitgliedschaft „erwerben" konnten. Ob dies nur bei einer neuen Mitgliedschaft galt, oder ob jüdische Mitglieder auch aus dem Verein ausgeschlossen wurden, wird dadurch nicht deutlich. Wahrscheinlich ist jedoch, dass jüdische Mitglieder ausgeschlossen beziehungsweise zur Kündigung gezwungen wurden oder von selbst kündigten.
373 Speitkamp: Landesgeschichte, S. 4.
374 Ebd.
375 Hellmut Seier: Kurhessenforschung im 20. Jahrhundert. Bilanz und Ausblick, in: Ulrich Reuling/ Winfried Speitkamp (Hg.): Fünfzig Jahre Landesgeschichtsforschung in Hessen (Hessisches Jahrbuch für Landesgeschichte 50), Marburg 2000, S. 287-320, hier: S. 293.
376 Ebd.
377 LAS Abt. 397, Nr. 143, Brief Pauls an den Landeshauptmann, von Januar 1934.

sollte. Denn im Gegensatz zu den historischen Vereinen stellten die Kommissionen „Organe der Staats- beziehungsweise Provinzialverwaltung" dar.[378] So schuf sich die Vereinsspitze die Grundlage dafür, dass die Gesellschaft bis 1945, zwar in enger Verbindung mit der Provinz stand, jedoch relativ unbehelligt arbeiten konnte. Dass diese Umstrukturierung kurz nach der „Machtergreifung" so schnell umgesetzt wurde, geht demnach über einen selbsterhaltenden Opportunismus hinaus. Wer letztlich den Anstoß zu den Neuordnungen veranlasst hatte, lässt sich aufgrund der mangelnden Aktenlage schwer einschätzen. Möglicherweise haben hier die drei Vorsitzenden, die in den zwölf Jahren das Amt inne hatten, zwar ihren Einfluss ausgeübt, doch wird durch die oben zitierte Stellungnahme deutlich, dass Pauls ebenso wie die anderen führenden Mitglieder des Vereins diese Umgestaltung aktiv vorangetrieben haben.

Welche Auswirkungen diese Umstrukturierungen auf die Mitgliederbewegung hatten, ist ebenfalls nur zu vermuten. Aus den Jahresberichten der Gesellschaft lassen sich zwar die Zahlen der Mitgliederbewegung entnehmen, doch weder hier noch in den Akten finden sich Hinweise zu den Beweggründen, die die Mitglieder zum Austritt bewegten.

5.2.2 Mitgliederbewegung und Finanzierung

Die Mitgliederbewegung zeigt bis etwa 1935 einen starken Rückgang. Dies brachte einige finanzielle Einbußen mit sich. Darauf Bezug nehmend wandte sich Pauls 1933 an den Otto Röer, in seiner Funktion als Landeshauptmann, um nach einer finanziellen Beihilfe der Provinz für den Geschichtsverein zu bitten.

> „Die Einnahmen der Gesellschaft aus Mitgliederbeiträgen sind in den letzten Jahren sehr stark zurückgegangen. Konnte vor zwei Jahren noch mit einer Einnahme aus dieser Quelle von mehr als 7000 RM gerechnet werden, so ist diese infolge des starken Rückgangs der Mitgliederzahl heute auf unter 5000 RM gesunken."[379]

Zu den finanziellen Verlusten durch die sinkenden Mitgliederzahlen kam der Umstand, dass der Mitgliedsbeitrag von 10 RM auf 8 RM gesenkt worden war, um einigen Mitgliedern das Aufbringen des Beitrages zu erleichtern. Dies hatte jedoch nicht den gewünschten Erfolg, wie die Mitgliederzahlen erkennen lassen. Von 1930 bis 1935 fielen die Zahlen stetig. Auffallend ist vor allem der Rückgang, der sich zwischen 1931 und 1933 vollzog, denn hier verlor die Gesellschaft fast 150 Mitglieder. Eine gewisse Konstanz zeigt sich zwischen 1933 und 1934 mit einer Abnahme von 10 Mitgliedern. Zwischen 1934 und 1935 traten 48 Personen aus.[380] Neben der wirtschaftlichen Lage, wurden vermutlich auch einige jüdische Mitglieder durch den Arierparagraphen zum Austritt gezwungen. Da die Zahl der Austritte im Vergleich zu denen der Vorjahre nicht eklatant höher war, ist schwer einzuschätzen wie viele Menschen durch die Einführung des Arierparagraphen ihre Mitgliedschaft kündigen mussten. Ob

---

378 Neitmann: Geschichtsvereine und historische Kommissionen, S. 129.
379 LAS Abt. 397, Nr. 143, Brief Pauls an den Landeshauptmann vom 3. Juli 1933.
380 Vgl. Jahresberichte der Gesellschaft für die Jahre 1930 bis 1934, in: ZSHG 60 (1931), S. 661; ZSHG 61 (1933), S. 514; ZSHG 62 (1934), S. 462; ZSHG 63 (1935), S. 502; ZSHG 64 (1936), S. 518.

und wie viele jüdische Mitglieder der Verein in den Vorjahren hatte, muss ebenfalls ungeklärt bleiben.

Doch die finanzielle Lage war gerade in den ersten Jahren prekär und so wandte sich Pauls an die Provinz. Der Landeshauptmann Röer reagierte umgehend auf die oben dargelegte Bitte des Schriftführers und bewilligte eine Beihilfe von 5000 RM für 1933 und für 1934.[381] Pauls nutzte nun seine Verbindungen zu Röer, um weiterreichendere finanzielle Mittel zu sichern. Dazu versuchte er alle Gelder, die im Haushalt zur Unterstützung landesgeschichtlicher Forschung vorgesehen waren, für die Gesellschaft zu gewinnen.

In einem Brief aus dem Jahr 1934 machte er beispielsweise auf das Baltische Historische Institut aufmerksam. Er verwies darauf, welche enormen Aufwendungen dieser Forschungseinrichtung zugute gekommen waren und wies darauf hin, dass seiner Meinung nach die Mittel, die in dieses Institut flossen, nicht sinnvoll verwendet worden waren. Um dies zu untermauern schlüsselte Pauls die Beihilfen auf, die die Provinz an das Baltische Historische Forschungsinstitut in den vergangenen Jahren gezahlte hatte und gab dann an, dass die von Petersen, Scheel und Rörig für das Institut festgelegten Aufgaben in keiner Weise erfüllt wurden. Im Anschluss daran zeigte er, dass die Ausgaben für Verwaltung und Personal die Ausgaben für Forschung und Veröffentlichung von Schriften immens überstiegen hatten. Damit gab er zu verstehen, dass das Institut eher seine Gründer finanziell versorgte, als eine seriöse wissenschaftliche Forschung zu betreiben oder zu fördern. Die Aufgaben, die Scheel dem Institut zugeschrieben habe, würden sich stark mit der Arbeiten der Gesellschaft überschneiden. Durch die Gründung des Baltischen Instituts seien die Gelder der Provinz für dieselben Ziele in zwei verschiedene Einrichtungen geflossen, wobei Scheels Forschungseinrichtung dabei über weit mehr verfügt habe, ohne dies jedoch sinnvoll eingesetzt zu haben.[382]

Mit einem Appell an die Verbindung zwischen Provinzialverwaltung und der Gesellschaft sowie einem Verweis auf die herausragende Bedeutung, die der Gesellschaft seit ihrer Gründung für die Provinz zugekommen sei, versuchte Pauls den Landeshauptmann davon zu überzeugen, dass die provinziellen Beihilfen allein dem schleswig-holsteinischen Geschichtsverein zukommen sollten.

„Bis zur Gründung des Baltischen Historischen Forschungsinstitutes war die Gesellschaft für Schleswig-Holsteinische Geschichte, die stets in engsten Beziehungen zur Provinzialverwaltung gestanden hat – seit dem Jahre 1873 ist mit geringen Ausnahmen der jeweilige Landeshauptmann bzw. Vorsitzende des Provinzialausschusses Vorsitzender der Gesellschaft gewesen; die Geschäftsführung lag seit der Begründung des Amtes des Landesbibliothekars in dessen Händen – die einzige Trägerin der landesgeschichtlichen Forschung in unserm Lande gewesen."[383]

Aus dieser engen Verbindung zwischen GSHG und der Provinzialverwaltung heraus, ergibt sich laut Pauls nur eine Möglichkeit, um die „Zersplitterung" der öffentlichen Mittel zu verhindern: Dazu

---

381 LAS Abt. 397, Nr. 134, Brief des Landeshauptmanns an Pauls, vom 19. Juli 1933.
382 Ebd.
383 Ebd.

„bleibt nur der Weg, von dem Zustande vor der Errichtung des baltischen Instituts auszugehen und die Gesellschaft für Schleswig-Holsteinische Geschichte als die in hundertjähriger Arbeit bewährte Trägerin der landesgeschichtlichen Forschung in Schleswig-Holstein organisatorisch und finanziell so auszubauen, dass sie in der Lage ist, den Aufgaben der Forschung in jeder Weise gerecht zu werden."[384]

Die Vorschläge Pauls wurden von dem Landeshauptmann angenommen. In einem Brief an Otto Scheel erklärte er mit dem Hinweis auf die rationelle Ausnutzung der staatlichen Mittel, dass dem Baltischen Institut in Zukunft keine Gelder mehr direkt von der Provinz gewährt werden würden.[385] Denn um zu garantieren, dass mit den finanziellen Zuschüssen das Beste für die landesgeschichtliche Forschung getan würde, wäre es dringend notwendig, dass die verschiedenen Einrichtungen enger zusammenarbeiteten. Aus diesem Grund wären nun alle anderen Forschungsstellen der Gesellschaft für Schleswig-Holsteinische Geschichte untergeordnet. Es bestehe also für das Baltische Historische Institut weiterhin die Möglichkeit Förderung für ihre wissenschaftlichen Projekte zu erhalten.

„Die Bewilligung wird aber nicht mehr unmittelbar von der Provinz erfolgen, sondern über die Geschichtsgesellschaft. Die Anträge werden dementsprechend an die Gesellschaft für Schleswig-Holsteinische Geschichte zu richten sein, der es dann freisteht, aus den von der Provinz für landesgeschichtliche Forschung bereitgestellten Mitteln Beihilfen zu gewähren."[386]

Damit hatte sich die Gesellschaft bis zur Gründung des „Instituts für Volks- und Landesforschung" Einfluss auf die gesamte landesgeschichtliche Forschung gesichert und gleichzeitig alle Einrichtungen in den Dienst der Regierung gestellt.

5.3 Programmatische Aussagen

Die institutionelle Veränderung, die sich schon kurz nach der „Machtergreifung" einstellte, wirft die Frage auf, ob diese äußerlichen Umgestaltungen sich auch inhaltlich niederschlugen, ob also die Schriften einer neuen nationalsozialistischen Programmatik untergeordnet wurden. In welche Richtung sich die geschichtswissenschaftliche Arbeit der Gesellschaft wenden sollte, machen die Äußerungen Jessens und Pauls von 1933 deutlich, die einen Versuch darstellten, eine Neupositionierung des Vereins zu motivieren. Diese Äußerungen lassen sich einerseits aus einem Brief entnehmen, den Pauls im Namen des Vorstands an alle Mitglieder des Vereins sendete sowie andererseits aus einer Ansprache Jessens bei der jährlichen Sommerveranstaltung der Gesellschaft. Beides soll nachfolgend vorgestellt und aus ihrem jeweiligen Kontext heraus eingeordnet und bewertet werden.

---

384 LAS Abt. 397, Nr. 134, Brief Pauls an den Landeshauptmann, vom Winter 1934.
385 Vgl. LAS Abt. 397, Nr. 134, Brief Röers an Otto Scheel als Leiter des Baltischen Historischen Instituts, vom 17. Januar 1935.
386 Ebd.

5.3.1 Begrüßung der „neuen Zeit" in einem Brief des Vorstands an die Mitglieder

Schon im Mai 1933 hatte sich der Schriftführer bevor überhaupt eine Weisung des Dachverbands an die regionalen Geschichtsvereine herausgegeben wurde, mit einem Schreiben an die Mitglieder gewandt, das die neue politische Richtung der Gesellschaft bekannt gab. Zunächst gibt Pauls der Freude über den Regimewechsel Ausdruck:

> „Der Beginn des zweiten Jahrhunderts unserer Gesellschaft steht unter einem Glück verheißenden Stern. Er fällt zusammen mit der nationalen Erhebung und Erneuerung unseres deutschen Volkes unter der Führung des ehrwürdigen Reichspräsidenten v. Hindenburg und des Volkskanzlers Adolf Hitler."[387]

Pauls stellt hier eine Verbindung her zwischen dem Vereinsjubiläum und der „nationalen Erhebung", ein Ausdruck, der von der nationalsozialistischen Führung geprägt wurde und sowohl auf den Hitlerputsch 1923 sowie auf die erste Phase der von Hitlers Reichkanzlerschaft bezogen wurde. Mit der Übertragung des Begriffs „nationale Erhebung" auf machtpolitisch wichtige Ereignisse der NSDAP sollte eine Anlehnung an die Befreiungskriege 1813 bis 1815 vollzogen, eine „Rettung" Deutschlands impliziert und an den deutschen Patriotismus appelliert werden.[388] Mit der kritiklosen Verwendung des Begriffs wird die national-konservative, aber auch antidemokratische Haltung des Vorstandes deutlich. Dass sowohl Hitler als auch Hindenburg genannt werden, stützt diese These. Wie weit der Vorstand und ihr Schriftführer Pauls das tatsächliche politische Programm der NSDAP guthießen, bleibt jedoch offen.

Da Pauls der Verfasser dieses Briefes ist, dieser aber im Namen des Vorstands verschickt wurde, muss ungeklärt bleiben, ob es sich hier um eine Konsensmeinung handelte, und inwieweit Pauls persönliche Einstellung damit übereinstimmte. Doch deutet es daraufhin, dass Pauls dem Nationalsozialismus weniger abgeneigt gegenüber stand, als Klose in seiner Schrift urteilt, wenn er feststellt

> „Abgesehen von dieser äußeren Angleichung an das Führerprinzip, ist es dem Ersten Vorsitzenden und dem Schriftführer gelungen, die wissenschaftliche Arbeit von einer politischen Einmischung, die wiederholt versucht worden ist, freizuhalten, wie die Veröffentlichungen der Gesellschaft aus den Jahren 1933-1945 zeigen."[389]

Ob dies in dieser Form zutrifft soll weitestgehend im nächsten Kapitel erörtert werden. Doch an dieser Stelle sei festgehalten, dass hier gegenüber allen Mitgliedern ein anderes Programm für die Arbeit der Gesellschaft unter den Nationalsozialisten, verkündet wurde. Denn weiterhin heißt es in dem offenen Brief:

> „Wir wissen ihnen Dank, den Kräften, die das neue Reich zu bauen bestimmt sind, zum Durchbruch und Siege verholfen zu haben. Daraus erwächst aber auch für unsere Gesellschaft die Verpflichtung mit allem Nachdruck die Aufgaben zu fördern, für die sie gestiftet

---

387 LAS Abt. 397, Nr. 36, Pauls in einem Brief an die Mitglieder, vom Mai 1933.
388 Vgl. zum Begriff „nationale Erhebung": Art. „Nationale Erhebung", in: Cornelia Schmitz-Berning: Vokabular des Nationalsozialismus, Berlin/ New York 1998, S. 412f.
389 Klose: 125 Jahre, S. 7.

wurde, und denen sie im verflossenen Jahrhundert erfolgreich gedient hat: Die Erforschung unserer wechselvollen und reichen, stets in großen Zusammenhängen stehenden Landesgeschichte und damit die Pflege der Liebe zu unserem Land und heimischen Volkstum. So ist die Erforschung der Vergangenheit zugleich Arbeit für die Zukunft."[390]

Eine der Regionalgeschichte untergeordnete geschichtspolitische Funktion im Sinne des Nationalsozialismus ist hier unüberhörbar. Einerseits durch die kraftvollen Worte mit denen den „Kräften" gedankt wird, die „Durchbruch und Sieg" ermöglicht haben, andererseits durch den von Pauls deutlich hervorgehobenen Auftrag, der aus den neuen politischen Verhältnissen für die Geschichtsgesellschaft entstehe und diese demnach verpflichtet, für das „heimische Volkstum" die Zukunft durch historische Forschung zu bestimmen.

Schwierig bleibt die Beurteilung solcher Aussagen, wie häufig für die Zeit der nationalsozialistischen Diktatur, und so muss offen bleiben, welche Schlüsse Pauls aus dem hier formulierten Auftrag ableitet und wie er selbst zum Nationalsozialismus stand. Auf inhaltlicher Ebene geht nicht aus dem Brief hervor, welche Erkenntnisse genau dem Volkstum auf welche Art und Weise von Nutzen sein könnten. Alles bleibt vage, niemals wird ein konkreter Auftrag definiert. Und doch wird bei diesen Worten Pauls deutlich, dass der Verein sich nicht gegen eine Indienstnahme durch den Staat gewehrt hat, sondern sich sogar selbst für eine Wissenschaft im Sinne des Nationalsozialismus aussprach. Dies zeigt sich auch bei Jens Jessens Rede.

5.3.2 Jens Jessens Rede auf der Sommerveranstaltung 1933

Jens Jessen wurde allem Anschein nach vor allem aufgrund seiner politischen Einstellung zum Vorsitzenden der Gesellschaft ernannt. Aus diesem Grund dürfte es kaum verwundern, wenn auch seine „Antrittsrede" bei der Sommerveranstaltung des Vereins am 17. September 1933 durchdrungen war von nationalsozialistischen Anschauungen. Mit Stolz verkündete er zunächst, dass er einer der „ersten wissenschaftlichen Vertreter des Nationalsozialismus an einer deutschen Hochschule"[391] gewesen sei. Hieraus leitete er die ihm zukommende Expertise ab, beurteilen zu können, dass „es kaum eine Bewegung gegeben hat, welche die Kontinuität in der Geschichte so stark betont hat, wie es der Nationalsozialismus tut"[392]. Aus diesem Grund sei es notwendig, „stärker als bisher die Geschichte der Vergangenheit von der Gegenwart aus zu betrachten"[393].

Laut Jessen sorgt diese verbindliche Norm dafür, dass die bisherige Arbeit des schleswig-holsteinischen Geschichtsvereins „mit anderen Augen gesehen" werde, denn unter diesen neuen Vorzeichen sei Geschichtswissenschaft ein „Streben nach Rückkehr zu der verloren gegangenen sinnvollen Einheit des Lebens"[394]. Denn in der Vergangenheit habe sich „die Geschichte als Wissenschaft, ebenso wie andere wissen-

---

390 LAS Abt. 397, Nr. 36, Pauls in einem Brief an die Mitglieder im Mai 1933.
391 Jahresbericht für 1933, in: ZSHG 63 (1935), S. 504.
392 Ebd.
393 Ebd.
394 Ebd.

schaftliche Zweige, so isoliert, daß sie den Zusammenhang mit der Einheit des Lebens verloren hatte."³⁹⁵

Hier wird unter dem Deckmantel der Geschichte als lebensnaher Wissenschaft dafür geworben, Geschichtswissenschaft nicht aus einer möglichst objektiven Position aus zu betreiben, sondern Ereignisse, Strukturen und Vorgänge in der Vergangenheit zu suchen, die die Ideologie des Nationalsozialismus stützen würden. Es wird die Notwendigkeit betont, historische Forschung aus dem Blickwinkel der nationalsozialistischen Ideologie heraus zu betrachten. Damit spricht Jessen sich für eine teleologische Deutung vergangener Ereignisse im Sinne und Dienste der neuen Machthaber aus.

Jessen räumt ein, dass es in der ersten Zeit des NS-Regimes „Maßnahmen" gegeben habe, durch die die Regierung als „ungeschichtlich" aufgefasst werden könnte. Doch dem widerspricht er und rechtfertigt die „Maßnahmen" damit, dass sie als eine „notwendige Arbeit des Abräumens zu betrachten"³⁹⁶ seien. Diese drastische Ausdrucksweise spiegelt die Überzeugung wieder, mit der Jessen noch zu diesem Zeitpunkt an die nationalsozialistische Idee des neuen Deutschlands glaubte. Für ihn sollte sich jeder an dieser Idee beteiligen, wie er in seiner abschließenden Bemerkung verdeutlicht, die einem Leser aus der heutigen Zeit unglaublich makaber erscheinen muss, wenn er den Anwesenden die Totalität des neuen Systems in einem Satz und aus heutiger Perspektive auch sein eigenes Schicksal vor Augen führt:

„Wer nicht willens ist, ein Opfer zu bringen für die Grundlagen unseres politischen und staatlichen Daseins, über den wird die Geschichte selbst den Stab brechen."³⁹⁷

5.4 Inhaltliche Anpassung?

Die inhaltliche Untersuchung des Publikationsorgans der Gesellschaft, der ZSHG, lehnt sich in ihrer Zielsetzung an Karen Schönwälders Werk zur Rolle der Geschichtswissenschaft im Nationalsozialismus an. Die Autorin konzentriert sich in ihrer Studie, die dem Zusammenhang zwischen „Historikern und Politik" in dieser Zeit nachgeht, auf den „politischen Historiker – den Geschichtskundigen als Kommentator und Interpreten der Gegenwart aus historischer Sicht, aber auch der Geschichte aus der Sicht einer veränderten Gegenwart"³⁹⁸. Da die Aufsätze in der Zeitschrift der Gesellschaft für Schleswig-Holsteinische Geschichte weitestgehend keinerlei Bezugnahme zum tagespolitischen Geschehen erkennen lassen, steht im Folgenden im Fokus des Erkenntnisinteresses, ob die Autoren die Beurteilung der Geschichte ihrer veränderten Gegenwart angepasst haben. So findet sich beispielsweise unter der Kategorie „Beiträge zur Judenfrage in Schleswig-Holstein" ein Hinweis auf den Einfluss der nationalsozialistischen Rassenideologie auf die publizistische Tätigkeit des Vereins. Dies wirft also die Frage auf, ob die Zeitschrift unter dem Eindruck einer „veränderten Gegen-

---

395 Ebd.
396 Ebd.
397 Ebd.
398 Schönwälder: Historiker und Politik, S. 11.

wart" ihre Sicht auf die Geschichte änderte. Zudem wenn ja, in welchem Ausmaße sich dies in den Beiträgen niederschlug.

Zunächst wird ein Überblick gegeben, über die dominierenden Themen und Zeiträume, die behandelt wurden. Neuheiten, Veränderungen oder Kontinuitäten gegenüber der Zeitschrift zur Zeit der Weimarer Republik werden hervorgehoben, immer unter der Fragestellung ob sich hier inhaltliche Umbrüche aus dem Regimewechsel ergeben haben.

5.4.1 Allgemeine Tendenz der Zeitschrift

Während die institutionelle Umgestaltung und die programmatischen Aussagen über die Aufgabe des Geschichtsvereins im nationalsozialistischen Deutschland zunächst auf einen Wandel innerhalb der Gesellschaft ab dem Jahr 1933 hinweisen, zeigt sich in der inhaltlichen Untersuchung der Zeitschrift, dass hier ganz deutlich eine Kontinuität in der wissenschaftlichen Arbeit zu verzeichnen ist.

Schon nachdem Hedemann-Heespen 1920 aus dem Redaktionsausschuss hinaus gedrängt wurde, war die anti-preußische Tendenz der Zeitschriftenaufsätze zurückgegangen. Zudem wurden während der Weimarer Republik wieder verstärkt Themen behandelt, die mit dem schleswig-holsteinischen Nationalgedanken in Verbindung standen und die national-liberale Bewegung bis zur Mitte des 19. Jahrhunderts behandelten. Dies zieht sich in der Zeit des Nationalsozialismus fort und bildet den roten Faden über den Regimewechsel hinweg. So sind 30 der insgesamt 120 Aufsätze, die zwischen 1934 und 1944 in der Zeitschrift erschienen sind im 19. Jahrhundert anzusiedeln.

Auffällig ist der enorm hohe Anteil politikgeschichtlicher Aufsätze, die etwa ein Viertel der Zeitschrift in diesen Jahren ausfüllen und sich oftmals mit den Schriften zum 19. Jahrhundert decken, sodass davon gesprochen werden kann, dass der Sachbereich „Politikgeschichte des 19. Jahrhunderts" die Zeitschrift in diesen Jahre dominierte. Während die ZSHG in der Weimarer Republik eine Vielzahl an biographisch geprägten Arbeiten über die „Vorreiter" der schleswig-holsteinischen Bewegung aufwies, sind es nun eher die politischen Machtkämpfe, insbesondere zwischen Bismarck und dem augustenburgischen Herzog, die in den Fokus gerückt werden.[399]

Möglich ist, dass die biographische Huldigung liberaler Persönlichkeiten dem Zeitgeist nicht mehr entsprach, da „liberal" gleichgesetzt wurde mit „republikanisch" und dementsprechend abgelehnt wurde. Hingegen musste die Rolle Bismarcks bei der Annexion der Herzogtümer, die schließlich dazu geführt hatte, dass Schleswig-Holstein später Teil des Deutschen Reiches wurde, vermutlich neu bewertet werden. Wie Schönwälder feststellt, waren „[I]nnere Geschlossenheit und Machtentfaltung nach außen [...] im Bewußtsein der deutschen Historikerschaft eng verknüpft"[400], so-

---

[399] Carl Boysen: Ein Brief Bismarcks an Herzog Friedrich, in: ZSHG 62 (1934), S. 349-351; ders.: Herzog Friedrichs Unterredung mit Bismarck. 1. Juni 1864. Ein Versuch, in ZSHG 63 (1935), S. 214-342; ders.: Beiträge zu Bismarcks Politik in der Schleswig-Holsteinischen Frage, in: ZSHG 64 (1936), S. 281-363; ders.: Prinz Friedrich von Roer und König Friedrich Wilhelm IV. im Jahre 1848, in: ZSHG 65 (1937), S. 409-423;

[400] Schönwälder: Historiker und Politik, S. 33.

dass Bismarcks Machtdemonstration, die zur Einheit des Deutschen Reichs geführt hatte, Vorbildcharakter zukam und seine Politik mit der der Nationalsozialisten verbunden wurde.[401]

Auffällig ist im Zusammenhang mit der schleswig-holsteinischen Frage auch die Fülle an Quellenmaterial, das in der Zeitschrift präsentiert wird. Sieben Darstellungen kommentieren vor allem Briefwechsel verschiedener Persönlichkeiten aus der Mitte des 19. Jahrhunderts.[402] Möglicherweise war dies eine Möglichkeit, um politisch unerwünschte Themen, wie beispielsweise, die „partikularistischen" Tendenzen zu einem eigenständigen Schleswig-Holstein offener behandeln zu können, ohne die eigene Meinung Preis zu geben.

Des Weiteren ist ein Anstieg an frühgeschichtlichen Arbeiten zu verzeichnen, die sich in erster Linie mit Themen beschäftigten, die sich um verschiedene germanische Stämme rankten.[403] Der Rückbezug auf ein germanisches „Urvolk" als einheitsstiftendes Moment, wurde als historische Begründung genutzt, um Annexionsbestrebungen des NS-Staates zu untermauern und eine nationalsozialistische Hegemonie in Europa zu rechtfertigen.[404] Daher stellt sich die Frage, ob auch in den Beiträgen der ZSHG zum „Germanentum", Anklänge zu finden sind, die eine Annexion für den deutschen Raum rechtfertigen würden.

Zuletzt ist hervorzuheben, dass die Zeitschrift 1941 und 1943 eine neue Kategorie einführte, die sich „Beiträge zur Judenfrage in Schleswig-Holstein" nannte. Fünf Aufsätze erschienen in den zwei Bänden, die sich auf unterschiedlichste Art und Weise Themen widmeten, die jüdisches Leben in vergangenen Jahrhunderten betrafen.[405] Definitiv ist die Aufnahme dieser Kategorie als nationalsozialistische Beeinflussung zu werten. Inwieweit die Schriften dem Rechnung trugen und sie „Rassismus und Antisemitismus Tribut"[406] zollten, wie es auch die HZ und die „Jahresberichte für deutsche

---

401 Ebd.
402 Boysen: Ein Brief Bismarcks, S. 349-351; ders.: Moltke und Bismarck. Ein Briefwechsel, in: ZSHG 62 (1934), S. 351-363; Alexander Scharff: Aus Schleswig-Holsteins Freiheitskampf, in: ZSHG 63 (1935), S. 387-393; Volquart Pauls: Beiträge zur schleswig-holsteinischen Bewegung, in: ebd., S. 393-405; Hermann Hagenah: Ein Briefwechsel mit Georg Waitz. Ein Beitrag zur Geschichte der schleswig-holsteinischen Geschichtsforschung, in: ZSHG 66 (1938), S. 338-346; Justus von Olshausen: Briefe aus Schleswig-Holsteins schwerster Zeit, in: ZSHG 68 (1940), S. 180-278. Justus von Olshausen: Briefe aus der Zeit der Befreiung Schleswig-Holsteins, in: ZSHG 69 (1941), S. 132-290.
403 Carl Matthiesen: Wispircon im Limes Saxoniae, in: ZSHG 62 (1934), S. 311-319; Ludwig Schmidt: Die frühgermanische Bevölkerung der jütischen Halbinsel, in: ZSHG 63 (1935), S. 347-356; ders.: Zur Sachsenfrage, in: ebd., S. 356f.; Erich Ewald Hoff: Das Sventinefeld und der Limes Saxoniae, in: ebd., S. 357-368.
404 Schönwälder: Historiker und Politik, S. 191.
405 Fritz Graef: Die Juden in Flensburg, in ZSHG 69 (1941), S. 94-110; Wilhelm Hahn: Judentaufen in Schleswig-Holstein, in: ebd., S. 110-131; Hubert Stierling: Hochdeutsche und portugiesische Juden in Hamburg und Altona, in: ZSHG 70/71 (1943), S. 284-292; Harry Schmidt: Das Judengrab bei Dänischenhagen und der Kieler Advokat Schiff, in: ebd., S. 292-308; Wilhelm Hahn: Der Kampf schleswig-holsteinischer Städte gegen die Judenemanzipation, in: ebd., S. 308-328.
406 Schönwälder: Historiker und Politik, S. 113.

Geschichte"[407] taten, soll in dieser Arbeit herausgearbeitet werden. Aus den Beobachtungen zur allgemeinen Tendenz der Zeitschrift sollen nachfolgend die Themen „Die schleswig-holsteinische Frage", „Das Germanentum" und die „Beiträge zur Judenfrage in Schleswig-Holstein" an einigen Beispielen eingehender betrachtet werden, um abschließend beurteilen zu können, ob sich die veränderte Gegenwart, wie vermutet, in den Schriften niederschlägt.

5.4.2 Die Schleswig-Holsteinische Frage

Die Aufsätze, die in den Kontext der schleswig-holsteinischen Frage gestellt werden können, bewegen sich thematisch und zeitlich zwischen dem Aufkommen der schleswig-holsteinischen Bewegung zu Beginn des 19. Jahrhunderts, über die Erhebung 1848 bis hin zum Deutsch-Dänischen und dem Deutsch-Deutschen Krieg zu der „Annexion" durch Preußen. Sie behalten während des „Dritten Reichs", den ihnen in der Zeitschrift für Schleswig-Holsteinische Geschichte schon seit Jahrzehnten anhaftenden Duktus. Eine Überhöhung der Bismarckschen Politik als eine vorbildhafte Machtpolitik zu völkischer Einheit wie Schönwälder bei dem früheren Schriftführer Arnold Oskar Meyer und anderen Historikern feststellt, zeigt sich nicht in den Aufsätzen der Zeitschrift.[408] Boysens Arbeit „Beiträge zu Bismarcks Politik in der Schleswig-Holsteinischen Frage" stellt vielmehr eine Aneinanderreihung indirekt oder direkt wiedergegebener Originalquellen dar, die dokumentieren sollen, seit wann Bismarck eine Annexion der Herzogtümer plante, aber auch das Verhältnis zwischen dem preußischen Ministerpräsident und dem augustenburgischen Herzog Friedrich bis ins Detail verfolgt.[409] Die Nutzung des Begriffs „Annexion", hier könnte auch das positivere Wort „Eingliederung" genutzt werden, zeigt nicht zwingend eine anti-preußische Haltung, wohl aber kann es dahingehend gedeutet werden, dass Boysen die Bismarcksche „Lösung" der Schleswig-Holsteinischen Frage nicht als den rechtmäßigsten Schritt zur Aneignung ansieht. Zudem wird die Person des augustenburgischen Herzogs außerordentlich positiv dargestellt. Besonders bei der Beschreibung einer Reise des Prätendenten nach Karlsburg über Eckernförde im Oktober 1965 wird dies augenscheinlich. Um „keinerlei Anlaß zu Demonstrationen zu geben" sei die Reise streng geheim gehalten und der Pferdewechsel in Borby bei Eckernförde erst eine halbe Stunde vorher angekündigt worden.[410] Durch diese einführende Beschreibung nimmt der Verfasser vorweg, dass die Anschuldigungen Manteuffels, die auf diese Reise folgten und

---

407 Vgl. ebd. Schönwälder gibt an, dass auch in der HZ mit Band 153 eine ähnliche Rubrik eingeführt wurde, die „Judenfrage" betitelt wurde. Die „Jahresberichte für Deutsche Geschichte" hätten sich nach 1936 eine neue Gliederung verschafft: „[E]s wurden Berichte u.a. zur Raum-, Volkstums-, und Wehrgeschichte aufgenommen, über ‚Rassenkunde' war bereits vorher berichtet worden."

408 Schönwälder: Historiker und Politik, S. 34.

409 Vgl. zu Bismarck und der Annexion der Herzogtümer: Boysen: Beiträge, S. 281-305; Alle weiteren Kapitel speisen sich vornehmlich aus der Korrespondenz Manteuffels mit dem preußischen Ministerpräsidenten, sodass hier eher die Haltung und Handlungen des ersteren beleuchtet werden. Vgl. ebd., S. 305-363.

410 Ebd., S. 305.

den Herzog beschuldigten, dass er „Veranlassung zu dieser Demonstration gegeben habe"[411] und „seine private Stelle, die er in Holstein einnehme, nicht beibehalten habe"[412], den Frieden des Landes gestört, „die Existenz einzelner Persönlichkeiten" gefährdet und gegen die gesetzliche Ordnung verstoßen habe[413], jeglicher Grundlage entbehrten. Boysen zeichnet das Bild, dass die Einwohner Eckernförde den von ihnen gewünschten Landesherrn begrüßten. „[E]s sei der natürliche Ausbruch lang zurückgedrängter Gefühle gewesen", denn „das Gefühl der Anhänglichkeit an das einheimische Fürstenhaus und die Treue gegen das Recht des Landes würde fortbestehen."[414] Boysen lässt in diesen Äußerungen den Herzog selbst sprechen, seine gesamte Argumentation läuft jedoch darauf hinaus, dass er die Sicht des Prätendenten teilt und damit die Auffassung vertritt, dass Friedrich Christian August von Schleswig-Holstein-Sonderburg-Augustenburg der eigentlich rechtmäßige Herrscher eines selbständigen Schleswig-Holsteins gewesen wäre.

Die direkte Auseinandersetzung mit den Herrschaftsansprüchen Dänemarks, wird von Friedrich Frahm behandelt. Mit seinem Beitrag „Historisches Recht und geschichtliche Entwicklung in den Kämpfen um das Herzogtum Schleswig" führt er zunächst eine nationalsozialistisch, „völkisch" anmutende Argumentation aus. Denn seiner Ansicht nach seien die Herzogtümer „im Wandel einer tausendjährigen Geschichte" zu einer „geschichtlichen Schicksalsgemeinschaft" zusammengewachsen.[415] Schleswig-Holstein sei ein altes „Kampfgebiet beiderseits der alten Völkergrenze" und hat seit jeher „die Brücke gebildet [...] zwischen zwei nahe verwandten und doch durch den Raum und Schicksal auseinanderstrebenden germanischen Stämmen"[416]. Es sei der große Verdienst der Holsteiner, dass sie

„in sechs Jahrhunderten [...] in kühnem Angriff in allmählichem Vordringen und in zäher Widerstandskraft gegen überlegene Gegenstöße vom Norden den Kampf um das Herzogtum Schleswig durchfochten"[417]

haben. Das führt Frahm zu der Erkenntnis, dass hier etwas entstanden ist, das zwar „nichts anderes sein will und sein darf als ein Stück deutscher Geschichte"[418], aber sich doch ein „staatliches Gebilde von ausgesprochener Eigenart" entwickelt hat, dessen Geschichte auch innerhalb der völkischen Geschichte ein unbestreitbares Eigenrecht hat".

Nach dieser kämpferischen Einführung eines scheinbar leidenschaftlichen Holsteiners schlägt Frahm im weiteren Verlauf seiner Arbeit einen traditionelleren Weg ein, indem er sich den staatsrechtlichen Fragen zuwendet, die seiner Meinung nach in der schleswig-holsteinischen Geschichte immer am meisten Beachtung gefunden hätten, „weil sie im letzten Akt des dramatischen Kampfes um das Herzogtum Schleswig

---

411 Ebd., S. 307.
412 Ebd., S. 308.
413 Ebd.
414 Ebd., S. 311.
415 Vgl. Friedrich Frahm: Historisches Recht und geschichtliche Entwicklung in den Kämpfen um das Herzogtum Schleswig, in: ZSHG 72 (1944), S. 1f.
416 Ebd., S. 2.
417 Ebd., S. 1f.
418 Ebd., S. 2.

in den Mittelpunkt des politischen Meinungskampf gezogen wurden."[419] Die nun erörterten Rechtsakte zwischen Schleswig und dem dänischen Reich in den vergangenen Jahrhunderten, wurden durchgängig und ausgiebig in den Publikationen der Geschichtsgesellschaft behandelt. Frahm weicht jedoch von der gängigen Meinung ab und lässt den Urkunden der Vergangenheit nicht die Bedeutung zukommen, die ihnen seit Dahlmann zugekommen waren. Zu der „Constitutio Waldemariana", die oftmals dazu herangezogen wurde, um eine Vereinigung Schleswigs mit dem dänischen Reich zu bestreiten, äußert Frahm:

> „[S]o durchschlagend sie in ihrer Wirkung auch war, so wird man sich doch davor hüten müssen, sie als unwandelbare Grundlage der Beziehungen Schleswigs zu Dänemark anzusehen."[420]

Vielmehr verweist er darauf, dass die Handfesten oft nur als Staatsgrundgesetz für die Regierungszeit desjenigen Königs dienten, der sie festgelegt hatte.[421]

So kommt Frahm auch nicht zu dem Ergebnis, welches die einführenden Worte erwarten ließen, denn er leitet aus der Geschichte keine unbedingte Zugehörigkeit der Herzogtümer zum Deutschen Reich ab. Nur „die Einheit der Herzogtümer ist das grundlegende Ergebnis der geschichtlichen Entwicklungen in beiden Herzogtümern"[422], Erbrechtsfragen würden demgegenüber nur eine marginale Rolle spielen.[423]

5.4.3 Das Germanentum

Mit dem Verlust der alten Staatsordnung nach dem verlorenen Ersten Weltkrieg mussten – wie bereits im Text erwähnt – neue Anknüpfungspunkte gefunden werden, die eine nationale Einheit wiederherstellen beziehungsweise als geschichtlich gewachsene Entwicklung belegen konnten. Diese „Identitätskrise" führte dazu, dass verstärkt auf die „Vorformen" der Nation Bezug genommen wurde,[424] die aus einer „Blutsverwandtschaft von Germanen und Deutschen" hergeleitet wurde.[425]

Die „völkische Rasselehre", Kern der nationalsozialistischen Ideologie basierte auf der Vorstellung, dass die Deutschen die direkten Nachkommen der Germanen seien und somit als germanische Rasse anderen Rassen und Völkern überlegen seien. Die Schlussfolgerung, die aus der Vorstellung von einer germanischen „Herrenrasse" gezogen wurde, lief darauf hinaus, dass das „Deutsche Volk" dazu prädestiniert sei, die

---

419 Ebd.
420 Ebd., S. 14.
421 Vgl. ebd., S. 15.
422 Ebd., S. 59.
423 Ebd.
424 Vgl. Johann Callmer: Archäologie und Nationalsozialismus als Gegenstand der modernen Forschung, in: Achim Leube (Hg.): Prähistorie und Nationalsozialismus. Die mittel- und osteuropäischen Ur- und Frühgeschichtsforschungen in den Jahren 1933-1945, München 2001, S. 3-16, hier S. 4.
425 Vgl. Uwe Puschner: Germanenideologie und völkische Weltanschauung, in: Heinrich Beck u.a. (Hg.): Zur Geschichte der Gleichung „germanisch-deutsch". Sprache und Namen, Geschichte und Institutionen (Ergänzungsbände zum Reallexikon der Germanischen Altertumskunde 34), Berlin/New York 2004, S. 102-129, hier: S. 107.

"untergeordneten" Völker zu beherrschen.[426] So sollte ein "germanisches Reich deutscher Nation begründe[t] und die ,natürliche' Überlegenheit der deutschen Menschen (sprich: Germanen) verwirklich[t]" werden.[427] Mit dieser auf dem "Blut"-Theorem basierenden Verknüpfung von Deutschen und Germanen wurde die Kontinuität einer "reinen alteingesessenen Rasse und eines Volkstums mit allerbesten Traditionen" geschaffen.[428] Dies galt es für die Ur- und Frühgeschichtliche Forschung aus archäologischen Funden und schriftlicher Überlieferung herauszuarbeiten, um das "konstitutive Element der völkischen Weltanschauung"[429] zu nähren, die "Vorstellung von einer gemeinsamen Vergangenheit" historisch zu belegen und dadurch eine nationale Identität zu schaffen.[430] Diese Hinwendung zur germanischen Vorgeschichte geschah bereits mehrere Jahrzehnte vor 1933, wurde jedoch von Seiten der Regierung nach dem Machtwechsel auf institutioneller Ebene durch Einrichtung von zahlreichen Ur- und Frühgeschichtlichen Lehrstühlen und der Weisung an Schulen und Universitäten dieses Themengebiet verstärkt zu behandeln, gefördert.[431]

Die Häufung der frühgeschichtlichen Aufsätze zur Forschung germanischer Stämme, wie der Sachsen, der Kimber und der Angeln, deutet daraufhin, dass auch die Gesellschaft dem Aufschwung der Vorgeschichte Rechnung trug und für Schleswig-Holstein die völkische Kontinuität bis in die Frühzeit zurückverfolgte.

Doch wieder sprechen die Arbeiten der schleswig-holsteinischen Regionalhistoriker eine andere Sprache als man annehmen könnte. Wohl hat es den Anschein, als ob sich die Autoren der frühgermanischen Beiträge darüber einig sind, dass die germanischen Stämme der cimbrischen Halbinsel die direkten Vorfahren der Schleswig-Holsteiner seien, explizit wird jedoch nicht auf die "Blutsverwandtschaft" hingewiesen, sondern diese eher stillschweigend vorausgesetzt. Vielmehr lässt sich aus den Schriften die Diskussion darüber konstruieren, welcher germanische Stamm welchen Teil des heutigen Schleswig-Holsteins und des dänischen Jütlands besiedelt habe. Ludwig Schmidt befasst sich beispielsweise mit den römischen Quellen, die den ersten schriftlichen Hinweis auf die germanischen Stämme im Norden gaben, und versucht hieraus in kleinteiligster Arbeit die verschiedenen Siedlungsgebiete zeitlich und geographisch zu ordnen.[432] Otto Scheels Schrift stellt eher eine Erwiderung auf eine kurz zuvor erschienene Abhandlung Hermann Hofmeisters mit dem Titel "Urholstein", von 1932, dar. Vornehmlich deckt er die von ihm "schweren Mängel im geographischen, archäologischen und historischen Forschungsverfahren" Hofmeisters auf,[433] ohne eigene neue Erkenntnisse mit einzubringen. Aber weder Scheel noch Schmidt setzten die Ausführungen zu den Siedlungsverhältnissen der Germanen in Zusammenhang mit

---

426 Vgl. ebd.
427 Allan A. Lund: Germanenideologie im Nationalsozialismus. Zur Rezeption der ,Germania' des Tacitus im "Dritten Reich", Heidelberg 1995, S. 23.
428 Ebd., S. 25.
429 Uwe Puschner: Grundzüge völkischer Rasseideologie, in: Leube: Prähistorie und Nationalsozialismus, S. 49-72, hier: S. 63.
430 Vgl. Lund: Germanenideologie, S. 28.
431 Vgl. Wolfgang Pape: Zur Entwicklung des Faches Ur- und Frühgeschichte in Deutschland bis 1945, in: Leube: Prähistorie und Nationalsozialismus, S. 163-226, hier: S. 165ff.
432 Vgl. Schmidt: Die frühgermanische Bevölkerung, S. 347.
433 Otto Scheel: Zum Problem "Urholstein", in: ZSHG 63 (1935), S. 1-65, hier: S. 65.

dem „deutschen Volk" des 20. Jahrhunderts. Ein Verweis in die moderne Zeit fehlt gänzlich.

In einem weiteren Beitrag Schmidts ist dieser gegeben, denn er vergleicht die gegensätzlichen Thesen der Historiker Martin Lintzel und Karl Brandi, die Theorien zur „Entstehung des sächsischen Stammesstaat" darstellen.[434] Während Brandi davon ausgeht, dass der sächsische Stamm ein „bündischer Zusammenschluß kriegerischer Einzelstämme" sei, entspricht Lintzels Theorie insofern der völkischen Rassenlehre, als dass er von Eroberung und nicht von einem Zusammenschluss ausgeht.[435] Demnach „wäre der [...] sächsische Staat gegründet worden, indem die holsteinischen Sachsen sich als Herrenschicht über eine unterworfene links der Elbe wohnende Bevölkerung legte."[436] Die Terminologie lehnt sich also nah an nationalsozialistische Formulierungen in Bezug auf die „Herrenrasse" an. Aufschlussreich in Bezug auf die Bewertung der Darlegungen Lintzels und Brandis liest sich die Schlussfolgerung Schmidts, der sich nach einem fachlichen Vergleich der Meinung Brandis anschließt:

> „Die sächsische Verfassung, wie sie uns am Ende des 8. Jahrhunderts entgegentritt, setzt nicht einen Eroberungsakt voraus. [...] Berechtigter erscheint die Auffassung, dass jene sich ohne äußeren Eingriff organisch aus den altgermanischen Zuständen unter dem Einflusse der durch die Völkerwanderung bedingten Veränderungen entwickelt hat."[437]

Schmidt lehnt Lintzels These unter anderem deswegen ab, weil der Bauernstand demnach nicht nur aus Freigelassenen des eigenen Volkes bestehen könnte, sondern auch „aus fremden Hilfsvölkern oder Ergebungsleuten hervorgegangen" sein müsste. Dem stimmt Schmidt jedoch nicht zu und kommentiert erstaunlich sarkastisch: „Wäre das [Lintzels These] richtig, würde es mit der vielgerühmte Rasseeinheit des niedersächsischen Volkes schlecht bestellt sein."[438] Diese Wendung der Argumentation mutet zwiespältig an. Einerseits verwirft Schmidt die Theorie der „Herrenschicht" und führt diese ad absurdum, indem er darauf verweist, dass sich dadurch die „Reinheit der Rasse" aufheben würde. Andererseits bestätigt die Theorie des freiwilligen Zusammenschlusses die „vielgerühmte Rasseeinheit". Doch gerade diese Formulierung: Die „vielgerühmte Rasseeinheit des niedersächsischen Volkes" scheint nicht ganz eindeutig konnotiert zu sein. Diese Bemerkung lässt sich zum einen durchaus als ein ironisierter Verweis auf rassistisches Denken deuten, könnte auf der anderen Seite aber auch als Ausdruck dieser Denkweise gewertet werden.

Dennoch kann von einem Eingang der völkischen Rassenlehre in die Beiträge der Zeitschrift nur schwerlich die Rede sein. Es ist möglich, dass die Autoren andere Plattformen genutzt haben, um ihre frühgeschichtliche Forschung ideologisch auszudeuten oder politisch zu nutzen. Für die Zeitschrift der Gesellschaft für Schleswig-Holsteinische Geschichte lässt sich dies allerdings nicht feststellen.

---

434 Vgl. Ludwig Schmidt: Zur Entstehungsgeschichte des sächsischen Stammes, in: ZSHG 64 (1936), S. 397ff.
435 Ebd., S. 397.
436 Ebd.
437 Ebd., S. 407.
438 Ebd.

5.4.4 Die „Beiträge zur Judenfrage in Schleswig-Holstein"

Spätestens seit den 1940er Jahren kann sich die Zeitschrift dem nationalsozialistischen Einfluss nicht mehr entziehen. Unter der Überschrift „Beiträge zur Judenfrage in Schleswig-Holstein" erscheinen in den Bänden von 1941 und 1943 fünf Aufsätze, die sich mit dem Judentum in Schleswig-Holstein befassen. Auf wessen Anregung diese Aufsätze in die Zeitschrift aufgenommen wurden, lässt sich nicht mehr ermitteln. Auffällig ist, dass die neu eingeführte Kategorie 1944 nicht mehr vertreten ist. So bleibt die Frage, ob es sich um eine von der Gesellschaft gewünschte Innovation handelte, oder ob hier dem Drängen der provinzialen Obrigkeit nachgegeben wurde, die ihrer „Historischen Kommission" einen staatlich angepassteren Anstrich geben wollte. Das kurze Zwischenspiel zum Teil stark rassistisch ideologisierter Aufsätze gibt dennoch Anlass über die Funktion der Landeshistoriker für den NS-Staat nachzudenken. Auch Klose erwähnt in seiner Jubiläumsschrift diese im Gesamtbild der Zeitschrift auffälligen Abhandlungen. Von den mehr als 100 Artikeln der „Zeitschrift" dieser Jahre hätten sich nur fünf mit der Geschichte der Judenfrage beschäftigt und würden diese „von einigen Entgleisungen abgesehen, objektiv" behandeln.[439] Diese Formulierung beschönigt allerdings zu sehr die Heftigkeit, mit der hier zum Teil rassistische Argumentation gebraucht wird und die nationalsozialistische Verfolgung der europäischen Juden lobend hervorgehoben wird.

Als „einige Entgleisungen" kann man Hahns Äußerungen in den Aufsätzen „Judentaufen in Schleswig-Holstein"[440] und „Der Kampf schleswig-holsteinischer Städte gegen die Judenemanzipation"[441] jedoch nicht bezeichnen. Besonders drastisch sind seine Ausführungen in Bezug auf die Verfolgung durch die Nationalsozialisten. Massenmord und Verfolgung werden zwar nicht explizit genannt, doch in unmissverständlichen Beschreibungen immer wieder anerkennend hervorgehoben.

> „Die völkische Wiedergeburt der Nation hat dem Volke die Augen für die Erkenntnis und die Bedeutung der Judenfrage geöffnet. Als die einzige große politische Bewegung hat der Nationalsozialismus aus seinen Erkenntnissen unerbittlich die Folgerungen gezogen und das deutsche öffentliche Leben von der Bevormundung durch das Judentum gereinigt. Dieses Verdienst ist einmalig."[442]

Einmalig sei dabei allerdings nicht der programmatische Antisemitismus, den sich auch andere nationale Organisationen zuschreiben lassen müssen, sondern die „praktische Lösung" der „Judenfrage". Diese Formulierung mutet sehr dem „organisationsinternen" Begriff der „Endlösung der Judenfrage" an, mit dem in den Akten der Reichsleitung die Vernichtung der europäischen Juden bezeichnet wurde.[443] In beiden Aufsätzen nutzt Hahn die rassistische Ideologie der Nationalsozialisten, wenn er begründet, warum die deutsche Nation, „gegen die vom Ausland immer wieder unternomme-

---

439 Vgl. Klose: 125 Jahre, S. 7.
440 Wilhelm Hahn: Judentaufen in Schleswig-Holstein, in: ZSHG 69 (1941), S. 110-131.
441 Ders.: Der Kampf schleswig-holsteinischer Städte gegen die Judenemanzipation, in: ZSHG 70/71 (1943), S. 308-328.
442 Ders.: Judentaufen, S. 110.
443 Vgl. Artikel: „Endlösung der Judenfrage", in: Cornelia Schmitz-Berning: Vokabular des Nationalsozialismus, Berlin/New York 1998, S. 174-176.

nen Versuche der Juden, in den deutschen Lebensraum einzudringen und den deutschen Geist aufs neue zu vergiften"[444], verteidigt werden müsste. Dass zugelassen wurde, dass die Juden sich in Deutschland emanzipierten, sieht er als große Verfehlung an und erklärt dies mit von Kopenhagen ausgehenden und „von falschen Toleranzgefühlen geleiteten Ideen"[445]. Erst der Nationalsozialismus habe in „voller Klarheit und Schärfe" zu den „Rassenkenntnissen" geführt und sich „zum Schutze des eigenen Blutes" zur Wehr gesetzt.[446]

Abschließend fasst er die „Verdienste" der nationalsozialistischen Führung zusammen und spricht sich im Anschluss daran für eine völlige Liquidierung der jüdischen Bevölkerung in Deutschland aus:

> „Es mußte erst noch der mühsame Weg über Emanzipierung, Assimilierung und Inflation des Judentums im politischen, wirtschaftlichen und geistigen Leben der deutschen Nation gegangen werden, ehe das Volk für die durch den Kampf des Führers gewonnene Erkenntnis reif wurde, daß nur restlose Ausscheidung dieses Fremdkörpers das deutsche Volk und die Völker Europas befreien kann und zu dem stolzen Bewusstsein der eigenen Art bringen kann."[447]

Die Aufsätze Hahns und die Aussagen, die er hier tätigt, sind als Beispiele dafür zu werten, wie Historiker im Nationalsozialismus „ ‚Sinnstiftung' für ein verbrecherisches System"[448] betreiben. Ja, sogar die nationalsozialistische Rasselehre und die daraus abgeleitete Verfolgung und Vernichtungspolitik als „eine Lehre aus früheren Fehlern"[449] ansahen und mit wissenschaftlichen Beiträgen unterstützten.

Drei weitere Aufsätze wurden unter der Überschrift „Beiträge zur Judenfrage in Schleswig-Holstein" publiziert, die trotz unterschiedlichen Grundtons, allesamt nicht so offensiv in den rassistischen Tonfall Hahns verfallen. Ganz im Gegensatz zu diesem hält Fritz Graef fest, dass die Konversion zum Christentum die Kluft zwischen Juden und Christen völlig zu überbrücken schien,[450] während Hahn ganz in der NS-Ideologie verhaftet festhält:

> „Eine Darstellung der Judentaufen zeigt denn auch, dass die Rasseneigentümlichkeiten des Judentums durch den Übertritt zu einer der christlichen Konfessionen keineswegs sich geändert haben."[451]

Doch auch wenn es bei Graef den Anschein hat, als würde er historisch korrekt wiedergeben, dass der Unterschied, der zwischen Juden und Christen empfunden wurde, auf religiösen Differenzen basiere, schränkt er seine Ausführungen im Sinne des nationalsozialistischen Gedankenguts ein, indem er religiös motivierten Antijudaismus als vom Glauben überdeckten biologistischen Antisemitismus bezeichnet.[452] Weitere antisemitische Anklänge sind vereinzelt in den Text eingestreut, enthalten aber nicht

---

444 Hahn: Judentaufen, S. 110.
445 Hahn: Judenemanzipation, S. 312.
446 Vgl. ebd., S. 328.
447 Ebd.
448 Schönwälder: Historiker und Politik, S. 268.
449 Ebd., S. 271.
450 Vgl. Fritz Graef: Die Juden in Flensburg, in: ZSHG 69 (1941), S. 97.
451 Hahn: Judentaufen, S. 112.
452 Graef: Juden in Flensburg, S. 97.

die Schärfe Hahns. Dennoch wird die Freizügigkeit, die der dänische König jüdischen Bürgern zugestand, als „Gefahr"[453] bezeichnet und es wird davon gesprochen, dass der Magistrat der Stadt Flensburg bemüht war, die Stadt vor einer „Überflutung" mit „fremden Juden" zu bewahren.[454]

Bei Harry Schmidt sind die antisemitischen Äußerungen zunächst subtilerer Art. In relativ ausgewogener Art und Weise behandelte er in seinem Aufsatz das Leben des Advokaten Meier Isaak Schiffs. Anhand verschiedener Archivalien schildert er Ereignisse und Korrespondenzen um den Anwalt, der zuerst eine Konzession beantragte, um in Kiel als Jurist tätig zu sein und später darum ersuchte, die Christin Maria Schwers zu heiraten. Beides wurde ihm gestattet. Eine gemeinsame Grabstätte aus einem lutherischen Friedhof, wurde dem Ehepaar jedoch nicht gewährt. Letztlich wurden sie zusammen in einer Grabstelle beerdigt, die bei einem bronzezeitlichen Hünengrab auf dem Grundstück des Gutsbesitzers Sindt lag.[455] Im Hinblick auf den staatlich verordneten Antisemitismus ist die kommentarlose Wiedergabe einer Stellungnahme des Superintendent Adlers, der den Konzessions-Antrag Schiffs beurteilte, überraschend. Hier heißt es: „Vielen der letztern [staatlichen Ämtern] kann, wie es mir scheint, ein geschickter Mann jüdischer Nation eben so gut als ein Christ und ohne Nachteil für den Staat vorstehen."[456]

Mit dieser, wenn auch nur als Zitat wiedergegeben Bekundung, dass Christen und Juden gleich gut geeignet seien, staatliche Ämter auszufüllen, widerspricht Schmidt der nationalsozialistischen Rassenlehre, die von einer „Herrenrasse" ausgeht und damit eine Egalität zwischen Juden und „Deutschen" negiert. Des Weiteren relativiert Schmidt die verordnete Ideologie, indem er in einer Fußnote ausführt, dass die Konversion von Juden zum Christentum im 17. und 18. Jahrhundert ein probates Mittel war, um die jüdische Religion abzulegen. Damit wird ausgesagt, dass der Rassegedanke in vorigen Jahrhunderten noch nicht bestand und somit jeder Historizität entbehrt.[457]

Dennoch enthält sich auch Schmidt nicht völlig antisemitischer Kommentare, wenn er es zum Beispiel als „charaktervolle Haltung" bezeichnet, die Zustimmung zu der Heirat des jüdischen Anwalts Schiff mit seiner christlichen Verlobten zu versagen.[458] So erfährt dieser Aufsatz, der bis dahin in gewisser Weise zwar dem antisemitischen Zeitgeist des beginnenden 20. Jahrhunderts entspricht, aber jedem völkisch-rassistischen Impetus entbehrt, zum Schluss eine scheinbar von der nationalsozialistischen Gesinnung geprägte Wendung, wenn Schmidt mit dem Satz endet:

„Jetzt verrät nichts mehr, daß hier vor etwa 100 Jahren zwei ungewöhnliche ‚Nachbestattungen' vorgenommen wurde. Und das wird man begrüßen. Denn es handelt sich, wie eingangs erwähnt ist, um bronzezeitliche Grabhügel, um die Ruhestätte germanischer Fürsten oder Edlen, um Gräber aus grauer Vorzeit, die unserem Volke heilig sind und durch ein selt-

---

453 Vgl. ebd., S. 98.
454 Vgl. ebd., S. 104.
455 Vgl. Schmidt: Das Judengrab, S. 292-308.
456 Ebd., S. 294.
457 Vgl. ebd., S. 295.
458 Vgl. ebd., S. 298.

sames Geschick zum Begräbnisplatz eines Juden und einer Frau, die ihres deutschen Blutes vergaß, herabgewürdigt wurde."[459]

Zu erwähnen ist an dieser Stelle, dass Meier Isaak Schiff zu den Gründern der Gesellschaft zählte,[460] also zu denjenigen, denen innerhalb der Gesellschaft höchste Verehrung entgegen kam. Diese Verbindung wird jedoch in Schmidts Aufsatz mit keinem Wort erwähnt. Umso drastischer wirkt der letzte Satz, vor allem im Vergleich mit Texten über Falck.

Eine Ausnahme stellt der Aufsatz Hubert Stierlings dar, der eine teilweise auf Tagebuchaufzeichnungen gestützte Abhandlung über hochdeutsche und portugiesische Juden in Hamburg und Altona darstellt. Stierling enthält sich jeder Bewertung und beschreibt Lebensbedingungen, -art und lebensweltliche Unterschiede dieser jüdischen Gemeinden.[461]

Die Kategorie „Beiträge zur Judenfrage in Schleswig-Holstein", die 1941 in die Zeitschrift aufgenommen worden ist, wurde, wie gezeigt werden konnte also nur vereinzelt zu rassistischen Äußerungen und als antisemitische Kampagne genutzt. Damit stellt sich umso mehr die Frage, weshalb diese Kategorie aufgenommen wurde und wer sie initiiert hat. Festgehalten werden kann, dass die Verantwortlichen, vor allem Volquart Pauls, der in diesen Jahren fast ausschließlich für die Gestaltung der Zeitschrift zuständig war, kein Interesse daran gehabt zu haben scheint, nationalsozialistische Propaganda zu veröffentlichen. Daher liegt es nahe, dass die Einführung dieser Kategorie als Reaktion auf eine Anordnung von „oben" anzusehen ist.

---

459 Ebd., S. 308.
460 Vgl. Pauls: Hundert Jahre, S. 17. Hier heißt es: „Am 6. März 1833 ließen Professor Falck, Professor Burchardi, Professor A.L.J. Michelsen, Subrektor J. Asmussen und Advokat Schiff, von denen bereits Falck und Schiff der früheren Kommission angehört hatten, eine Einladung zu einer Versammlung am 13. März hinausgehen, in der über die Gründung einer historischen Gesellschaft beraten werden sollte."
461 Vgl. Stierling: Hochdeutsche und portugiesische Juden, S. 284-292.

6. Zusammenfassung und Schlussbetrachtung

Die Gesellschaft für Schleswig-Holsteinische Geschichte wurde am Anfang des 19. Jahrhunderts unter dem Eindruck des aufkommenden Nationalismus gegründet. In Schleswig-Holstein äußerte sich der nationale Gedanke vor allem in der Frage nach der Positionierung Schleswig und Holsteins im und zum Dänischen Gesamtstaat beziehungsweise in der Abgrenzung zum dänischen Staat. Den national-liberal geprägten Gründer des ersten schleswig-holsteinischen Geschichtsvereins ging es darum, für die schleswig-holsteinische Geschichte Grundlagenarbeit zu leisten, sodass irgendwann einmal eine umfassende Geschichte der beiden Herzogtümer aus schleswig-holsteinischer Sicht entstehen könnte. So lässt sich also festhalten, dass die Sinnkriterien, die Fragen oder Ideen, die ihrer Geschichtsschreibung zugrunde lagen, insbesondere das staatsrechtliche Verhältnis der Herzogtümer zueinander und zu Dänemark betrafen. In methodischer Hinsicht führten die aufgeworfenen Fragen zu einer besonderen Beachtung verfassungsgeschichtlicher Abhandlungen und Urkunden, die als Bezeugungen von Staatsakten gesucht, ediert, gedeutet und einer breiteren Leserschicht zugänglich gemacht wurden. Die aus den Quellen entwickelten Deutungen tendierten größtenteils dahin, die Eigenständigkeit Schleswig-Holsteins gegenüber den umgebenden Großmächten, vornehmlich Dänemark, zu belegen. Damit wurde die Nationalitätenfrage dahingehend gelöst, dass die Menschen sich in diesem Landstrich weder als Dänen noch Deutsche, sondern in erster Linie als Schleswig-Holsteiner sahen. Das historische Material diente also weder zur Begründung der Forderung nach einer Eingliederung in das Deutsche Reich, noch nach einer engen Verbindung zu Dänemark. Schleswig-Holstein sollte möglichst eigenständig und mit Dänemark lediglich in Personalunion verbunden sein. An diesen Schlussfolgerungen orientierte sich die schleswig-holsteinische Bewegung und legitimierte damit ihr politisches Handeln.

Schon im Gründungsgedanken der Geschichtsgesellschaft manifestierte sich also einerseits das Bedürfnis, durch geschichtliche Grundlagenforschung ein Orientierungsbedürfnis der Gegenwart zu stillen, andererseits konkretes politisches Handeln zu rechtfertigen, das sich auf diese geschichtswissenschaftlichen Deutungen bezog. Die vorliegende Studie konnte zeigen, wie sich immer wieder solche Daseinsorientierungen in den wechselnden politischen Systemen ergaben und welche Auswirkungen dies auf die Arbeit der Geschichtsgesellschaft hatte.

Bis zum Deutsch-Deutschen Krieg ließ sich die historische Bestimmung von einem eigenständigen Schleswig-Holstein aufrechterhalten. Mit der Annexion durch Preußen musste eine neue Orientierung gefunden werden. Die historische Arbeit der Gesellschaft fiel dieser Orientierungslosigkeit zum Opfer und kam fast zum Erliegen, denn das Streben nach einem eigenständigen Schleswig-Holstein war 1866 an ein Ende gelangt und die schleswig-holsteinische Frage von Preußen eigenmächtig entschieden worden. Einen Aufschwung brachte die Akzeptanz der staatsrechtlichen Situation als Provinz des preußischen Staatswesens. Schließlich konnte eine „Borussifizierung" der geschichtswissenschaftlichen Abhandlungen nach dem Deutsch-Französischen Krieg verdeutlichen, dass der neue preußische Staat sich auch in der „Daseinsorientierung" der schleswig-holsteinischen Landeshistoriker manifestiert hatte. Die Landesgeschichtsschreibung kann hier als Indikator für das Selbstverständnis der eigenen nationalen Zugehörigkeit angesehen werden, welches sich in dieser Zeit von „schleswig-holsteinisch" zu „preußisch-deutsch" gewandelt zu haben scheint.

Mit dem Ersten Weltkrieg und der daraus erwachsenen Niederlage zeigten sich in der schleswig-holsteinischen Geschichtsgesellschaft unterschiedliche nationale Zugehörigkeitsgefühle. Das jüngere preußisch-deutsche Nationalgefühl schien sich in den Köpfen der Schleswig-Holsteiner nicht so weit gefestigt zu haben, dass es dem traumatischen Erlebnis des Weltkrieges standhalten konnte. Man wandte sich wieder der näheren Heimat zu und es entwickelte sich, zum Teil aus dieser Erfahrung heraus, bei manchen Schleswig-Holsteinern der Wunsch nach einer Veränderung des Status quo. Dies zeigt sich am Beispiel der Person Hedemann-Heespen und dem Konflikt, den seine Idee von einem eigenständigen schleswig-holsteinischen Staat, losgelöst vom Deutschen Reich, in den Reihen der Gesellschaft für Schleswig-Holsteinische Geschichte hervorrief. Während Hedemann-Heespen Preußen als Feind eines eigenständigen Schleswig-Holsteins betrachtete, forderte eine weitere Gruppe innerhalb des Geschichtsvereins um Karl Alnor, die sich historisch mit dem Antagonisten Dänemark im Kampf um das nördliche Schleswig auseinandersetzte, eine Revision der neuen Staatsgrenze. Diese Ansprüche sollten mit Hilfe der geschichtlichen Aufarbeitung der Geschichte Schleswig-Holsteins begründet werden, erkannte man doch hier ein Forschungsdesiderat, das letztlich die dänischen Bemühungen um eine Volksabstimmung in Schleswig in den Friedensschlüssen nach dem Ersten Weltkrieg gefördert hatte. Obwohl beide Standpunkte sich zu widersprechen scheinen, geben sie einen Hinweis darauf, wie sich die Gesellschaft insgesamt in der jungen Republik positionierte. Beide Standpunkte vereint die Hervorhebung der schleswig-holsteinischen Einheit, wobei im sogenannten Grenzkampf das abgelöste Nordschleswig im Mittelpunkt stand. Zur historischen Legitimation der politischen Forderungen wurden intensiv Anknüpfungspunkte in der schleswig-holsteinischen Geschichte gesucht. Insbesondere die Protagonisten der schleswig-holsteinischen Bewegung galten als Sinnbilder für den Kampf um ein ungeteiltes Schleswig-Holstein. Obwohl auch in der Gesellschaft für Schleswig-Holsteinische Geschichte Verfechter einer Grenzrevision wirkten, fand die „Volksgeschichte" neuen Typs kaum Eingang in ihre Schriften. Nur an wenigen Beispielen konnte gezeigt werden, dass einige Methoden der neuen Richtung, so die Historische-Geographie oder die Flurnamenforschung, für den schleswigschen „Grenzkampf" übernommen wurden. Eine Erklärung dafür, dass die Volksgeschichte in Schleswig-Holstein, anders als in den westlichen und östlichen Grenzgebieten des Reiches, von der landesgeschichtlichen Forschung kaum Anhänger fand, könnte die mangelnde Identifizierung der Schleswig-Holsteiner mit dem „deutschen Volk" oder besser gesagt, mit dem Deutschen Staat während der Zeit der Weimarer Republik sein. Der Kampf um das nördliche Schleswig wurde als schleswig-holsteinischer Kampf angesehen, nicht als der des deutschen Volkes. Insgesamt deutet dies auf eine „Rückbesinnung" auf Schleswig-Holstein als Anknüpfungspunkt einer kollektiven Identität hin. Dass die Besinnung auf das Heimatliche, Nächstliegende, dem Zeitgeist der 1920er Jahre in Schleswig-Holstein entsprach, zeigt sich unter anderem auch an den steigenden Mitgliederzahlen, die das breite Interesse an der Heimat- und Landesgeschichtsforschung in weiten Kreisen verdeutlichen. In der Zeitschrift der Geschichtsgesellschaft ist dies zudem an den stark lokal und regional begrenzten Themen festzumachen, die den Großteil der Zeitschrift bestimmten.

Auch die Publikationen des Vereins im Jubiläumsjahr 1933 betonten den schleswig-holsteinischen Gedanken. Pauls und Meyer stilisierten ein Selbstbild von der Gesellschaft, das die Vorrangstellung des Geschichtsvereins in der schleswig-holsteinischen Geschichtsforschung betonte und im Sinne des „Schleswig-Holsteinismus" eine direkte Verbindung zu den geistigen Vorreitern der Schleswig-Holsteinischen Bewegung herstellte. Dem gleichen Zweck diente die Ankündigung, am Gründungsgedanken festhalten zu wollen, also mit der Sammlung der historischen Quellen ein Gesamtwerk über die Geschichte Schleswig-Holsteins zu ermöglichen und nun, durch Pauls angeregt, im Jahr 1933 endlich zu einer Vollendung zu führen. Erneut betonten die Betreiber der Initiative, dass eine „Geschichte Schleswig-Holsteins" aus schleswig-holsteinischer Sicht geschrieben werden müsse, damit der dänischen Forschung ein eigenes Bild entgegengesetzt und die Deutungshoheit über die Geschichte der Herzogtümer „zurückerobert" werden könne.

Während sich die Geschichtsschreibung und die geschichtspolitische Positionierung der Geschichtsgesellschaft in der Weimarer Republik vor allem auf den Kampf um das deutsch-dänische Grenzgebiet bezog, stand die Hundertjahrfeier bereits unter dem Eindruck der nur wenige Monate zuvor erfolgten „Machtergreifung" der Nationalsozialisten. So stellte der Vorsitzende des Vereins in seiner Jubiläumsrede eine Analogie her zwischen der nationalen Bewegung zu Beginn des 19. Jahrhunderts und der nationalsozialistischen Diktatur, indem er das Interesse an der Regionalgeschichte an eine Besinnung auf die eigene Nation knüpfte.

In seiner Rede aus dem Jahr 1933 skizzierte Otto Scheel außerdem seine Vorstellungen von der Zukunft der Geschichtsgesellschaft, die er in eine enge Verbindung mit einem Umbau der Geschichtswissenschaft setzte. Erneut stellte er einen Bezug zum Versailler Vertrag her und leitete daraus zentrale Aufgaben ab. Seine Ausführungen lehnen sich stark an die Thesen und Begriffe der neuen „Volksgeschichte an. So wollte er die Geschichte in den Dienst des deutschen Volkes stellen und folgerte daraus in Übereinstimmung mit Alnor, dass der Historiker aus seiner Kenntnis über die Vergangenheit die Zukunft Deutschlands aktiv gestalten müsse.

Schon wenige Monate nach der „Machtergreifung" begann die Geschichtsgesellschaft damit, sich durch programmatische Aussagen und der Umsetzung einer organisatorischen Umgestaltung im Sinne des Nationalsozialismus dem neuen Regime anzudienen. So richtete der Vorstand im Mai 1933 einen Brief an alle Mitglieder des Vereins, dessen Zweck darin bestand, die Zustimmung zur nationalsozialistischen Machtübernahme zu formulieren, oder vielmehr der Begeisterung darüber Ausdruck zu verleihen. Wie schon in Scheels Festrede zum Hundertjährigen Jubiläum der Gesellschaft, nahm man hier erneut den politischen Wandel zum Anlass, die Aufgaben des Geschichtsvereins neu zu definieren. Aus Dankbarkeit gegenüber den neuen Machthabern müsse sich die landesgeschichtliche Arbeit nun verstärkt auf die Erforschung des Volkstums richten und damit an der Gestaltung der Zukunft mitwirken, heißt es beispielsweise in diesem Brief.

Dieser deutlichen Parteinahme folgte die institutionelle Umgestaltung. Mit Jens Jessen wurde ein bekennender Nationalsozialist zum Vorsitzenden gewählt und der

Vorstand der Gesellschaft stark verkleinert. Zwar wurde das „Führerprinzip" nur vordergründig umgesetzt, da der Schriftführer Volquart Pauls immer noch uneingeschränkt handeln konnte, doch demonstrierte der schleswig-holsteinische Geschichtsverein mit dieser Maßnahme, dass das neue System von ihm letztlich akzeptiert wurde. Besonders Jessen betont in seiner Rede bei der Sommerveranstaltung 1933, dass die Geschichtswissenschaft sich nun wandeln und sich der verbindlichen Norm unterwerfen müsse, die die nationalsozialistische Ideologie erfordere. Seiner Meinung nach war es notwendig geworden, die historische Forschung unter dem neuen Regime „lebensnaher" zu gestalten. An dieser Stelle wird deutlich, wie sehr die historische Forschung der Gesellschaft als Legitimationsinstrument für das herrschende System eingesetzt werden sollte.

Die Haltung der Mitglieder der Geschichtsgesellschaft erwies sich während der gesamten Zeit des Nationalsozialismus als regimekonform. Pauls suchte engen Kontakt zu der Provinzialverwaltung und nutzte diese Verbindung vor allem für finanzielle Zwecke. Zudem schreckte er nicht davor zurück, dem Geschichtsverein die Funktion einer staatlichen historischen Kommission zuzusprechen und sie somit in den Dienst der Provinz zu stellen. Daher verwundert es nicht, dass nach Jessens kurzer Amtsperiode nacheinander die Landeshauptmänner Otto Röer und Wilhelm Schow auf das Amt des Vorsitzenden folgten.

Die Themen, denen sich die Autoren der Zeitschriftenbeiträge zuwandten, korrespondierten zum Teil mit den historisch überkommenen Ideen, die die nationalsozialistische Ideologie stützten. Die Vielzahl der Abhandlungen zur Geschichte der germanischen Stämme lässt zunächst vermuten, dass die Verfasser darin das NS-Regime historisch legitimierten. Doch tatsächlich wurden in der ZSHG die germanischen Stämme nur als Vorfahren der Schleswig-Holsteiner gedeutet, daraus jedoch keine Rückschlüsse auf ein wie auch immer geartetes „germanisches Herrenvolk" gezogen, welches das Recht gehabt hätte, andere europäische Völker zu unterdrücken.

Mit Band 69 (1941) zeigt sich, dass sich die ZSHG dem nationalsozialistischen Regime nicht länger entziehen konnte, denn hier wurde die Kategorie „Beiträge zur Judenfrage in Schleswig-Holstein" eingeführt. Einige der Beiträge, die unter diesem Oberbegriff erschienen, weisen eine deutliche Bezugnahme auf die NS-Rassenideologie auf. Ansonsten zeichnet sich die Zeitschrift eher durch eine kontinuierliche Beibehaltung der gewohnten Themenfelder aus. Vor allem die Arbeiten über die schleswig-holsteinische Geschichte im 19. Jahrhundert zeigen, dass in dieser Zeit immer noch die identitätsstiftenden Anknüpfungspunkte für ein schleswig-holsteinisches Geschichtsbewusstsein gesucht und scheinbar gefunden wurden. Gleichzeitig tauchen jedoch ebenfalls mehr Untersuchungen zur preußisch-schleswig-holsteinischen Geschichte und Bismarcks Politik gegenüber den Herzogtümern auf. Dies könnte dahingehend gedeutet werden, dass die preußische Vergangenheit nun auch in Schleswig-Holstein weniger negativ konnotiert war und als Teil einer deutschen Vergangenheit Schleswig-Holsteins akzeptiert wurde.

Die Geschichte der Gesellschaft während der ersten Hälfte des 20. Jahrhunderts ist gekennzeichnet durch das Ringen um die eigene Positionierung in den verschiedenen politischen Systemen, im Spiegel der Auseinandersetzung einer sowohl dänischen, deutschen und preußischen Vergangenheit. Besonders in den ersten Jahren der Weimarer Republik zeigte sich jedoch, dass die Geschichtsgesellschaft Schwierigkeiten hatte, diese drei Komponenten aus der historischen Betrachtung heraus als Anknüpfungspunkte für ihre neu zu definierende Stellung zu nutzen, da alle mit traumatischen Erfahrungen verbunden waren. So dominierten Bezugspunkte, die in der eigenen, schleswig-holsteinischen Geschichte verankert waren und positive Deutungen im Sinne eines starken und selbstbewussten Schleswig-Holsteinertums zuließen.

Eine ähnliche Entwicklung zeigt sich auch in der Zeit nach 1945. Hier wurden ebenfalls nach einer traumatischen Erfahrung, Fragen aufgeworfen und Erklärungen für die „nationalsozialistische Katastrophe" in der Vergangenheit gesucht. Vor diesem Hintergrund galt manchem die Orientierung an der Vergangenheit als ein stabilisierender Faktor. Rasch fand man mit den „Preußen", die ihr Machtstreben schon bei der Annexion der Herzogtümer demonstriert hätten, einen Sündenbock für all das, was „schiefgelaufen" war. Für einige reichte die Abkehrung vom restlichen Deutschland so weit, dass sie aus Enttäuschung über den deutschen Staat die Annäherung an Dänemark suchten. Dies war einer der Gründe für den plötzlichen Anstieg der dänischen Minderheit im nördlichen Schleswig-Holstein. Von anderen wurde genau das als „Verrat" am Schleswig-Holsteinismus empfunden, was aufs Neue das Verhältnis zu Dänemark zu einem Thema mit geschichtspolitischer Brisanz machte. So stellten die Abgrenzung zu Dänemark und die Deutungskämpfe mit der dänischen Geschichtsschreibung bis in die 1950er und 1960er Jahre einen großen Bestandteil der publizistischen Arbeit der Gesellschaft für Schleswig-Holsteinische Geschichte dar.

Die politischen Umbrüche des 20. Jahrhunderts wirkten sich als eine besondere Herausforderung auf die schleswig-holsteinische Geschichtsgesellschaft aus. In kurzen Abständen wurde sie immer wieder gezwungen, sich in unterschiedlichen Staatsformen neu zu orientieren und ihre Position ebenfalls neu zu bestimmen. Hierbei gelang es dem Verein, seine Arbeit ohne größere Unterbrechungen fortzusetzen und seinen institutionellen Rahmen weitestgehend zu erhalten. Bei der Daseinsorientierung bildete regelmäßig die nähere Umgebung, also hauptsächlich die speziell schleswig-holsteinische Vergangenheit, den Rahmen für die gewählten Themen und Fragestellungen. Dagegen wurden die schleswig-holsteinischen Themen kaum in die gesamtdeutsche Entwicklung eingebettet. Institutionell und personell machte der Verein Zugeständnisse gegenüber dem nationalsozialistischen Regime. Dies reichte über reinen Opportunismus hinaus, denn die schleswig-holsteinische Geschichtsgesellschaft schwang sich in dieser Zeit selbst zur „historischen Kommission" Schleswig-Holsteins auf und suchte enge Verbindungen mit der Provinzialverwaltung. Damit war es ihr erlaubt, ihre Arbeit unbehelligt und finanziell abgesichert fortzusetzen, brachte sie jedoch zugleich in die Nähe der NS-Ideologie. Fraglich ist und bleibt, ob es Alternativen gegeben hätte. Wäre es der Gesellschaft möglicherweise nicht auch ohne diese enge Zusammenarbeit möglich gewesen, die landesgeschichtliche Arbeit fortzusetzen? Wie Schönwälder herausgearbeitet hat, war es auch kritischen Historikern erstaunlich oft möglich, Kritik an der nationalsozialistischen Rassenlehre und an den „Verletzungen rechtsstaatlicher Normen"[462] zu üben. War also der Preis, die Anlehnung an das nationalsozialistische System zu betreiben, um dafür die Vereinstätigkeit aufrecht erhalten

---

462   Schönwälder: Historiker und Politik, S. 270.

zu können, gerechtfertigt? Wenn man die programmatischen Äußerungen der Vereinsführung zu Beginn der nationalsozialistischen Diktatur in Betracht zieht, haben sie diese Frage bejaht. Dass dies aber letztlich zum Schaden der Gesellschaft sein sollte, hat die vorliegende Arbeit aufgezeigt.

Quellen- und Literaturverzeichnis

A. Quellen

1.) Ungedruckte Quellen

Landesarchiv Schleswig-Holstein (LAS)

Abt. 301   Oberpräsidium
Abt. 371   Provinzialverband der Provinz Schleswig Holstein
Abt. 397   Die Akten der Gesellschaft für Schleswig-Holsteinische Geschichte
Abt. 399.57   Nachlass Karl Strackerjahn

2.) Gedruckte Quellen

100 Jahre Schleswig-Holsteinische Geschichte, in: Flensburger Nachrichten, vom 21. März 1933.
Alnor, Karl: Schleswig und Versailles (Schriftenreihe zur Volkstumsarbeit 3), Kiel 1936.
Ders./ Pauls, Volquart/ Petersen, Carl: „Flensburg Avis" und das „Handbuch der Schleswigschen Frage". Eine Erklärung der Herausgeber des „Handbuches", in: Der Schleswig-Holsteiner 19 (1938), 3, S. 51f.
Boie, Karl: Die mittelalterlichen Siegel Dithmarschens (Schleswig-holsteinische Siegel des Mittelalters 1), Kiel 1926.
Brandt, Otto: Geschichte Schleswig-Holsteins. Ein Grundriß, Kiel 1925.
Deutsche und dänische Heimatforschung. Eine Unterredung mit Dr. V. Pauls, in: Der Schleswig-Holsteiner 11 (1930), 9, S. 203f.
Hedemann-Heespen, Paul v.: Das Programm der sieben Artikel. Ein Spiegel für die überlebten Programme sämtlicher Parteien, in: Kieler Zeitung, vom 11. Dezember 1918.
Ders.: Die Zukunft Schleswig-Holsteins, in: Kieler Zeitung, vom 12. April 1919.
Ders.: Die Herzogtümer Schleswig-Holstein und die Neuzeit, Kiel 1926.
Ders.: Gedanken zum Geburtstag einer Hundertjährigen. Kritische Betrachtung der schleswig-holsteinischen Geschichtsgesellschaft, in: Kieler Zeitung, 30. November 1932.
Hoppe, Willy: An die dem Gesamtverein angeschlossenen Verein und Institute, in: Korrespondenzblatt des Gesamtvereins der deutschen Geschichts- und Altertumsvereine 81 (1933), 2, Sp. 89-92.
Hundert-Jahrfeier der Gesellschaft für Schleswig-Holsteinische Geschichte, in: Kieler Zeitung, vom 20. März 1933.
Hundertjahrfeier der Gesellschaft für schleswig-holsteinische Geschichte. Festliche Veranstaltung in Kiel, in: Schleswiger Nachrichten, vom 21. März 1933.
Hundertjahrfeier der Gesellschaft für Schleswig-Holsteinische Geschichte. Festsitzung in der Aula der Universität, in: Kieler Neueste Nachrichten, 21. März 1933.

Nochmals die Gesellschaft für Schleswig-Holsteinische Geschichte, in: Rendsburger Tageblatt vom 8. Juli 1923.

Meyer, Arnold Oskar: Ein Jahrhundert „Gesellschaft für schleswig-holsteinische Geschichte", in: Korrespondenz „Nordschleswig"/Flensburg. Nachrichten und Informationsmaterial zur deutsch-nordischen Frage, 9. Februar 1933.

Michelsen, Andreas Ludwig Jacob/ Asmussen, Jakob: Vorbericht der Redaction über die Stiftung und bisherige Wirksamkeit der Schleswig-Holstein-Lauenburgischen Gesellschaft für vaterländische Geschichte, in: ASKHSHL 1 (1833), H.1, S. III-XIX.

Ders. (Hg.): Urkundenbuch zur Geschichte des Landes Dithmarschen, Altona 1834.

Mitgliederverzeichnis der Gesellschaft für Schleswig-Holsteinische Geschichte, in: Gesellschaft für Schleswig-Holsteinische Geschichte: Sammelband, o.O. o.J.

Pauls, Volquart: Die Vorgänge von 1721 und ihre staatsrechtliche Bedeutung in dänischer und deutscher Beleuchtung, in: Die Heimat 31 (1921), S. 189-198.

Ders.: Das Bistum Schleswig in seiner Stellung zum Norden und Süden, in: Schleswig-Holsteinisches Jahrbuch 14 (1924), S. 39-43.

Ders.: Die Wahl Christians I. 1460, in: Der Schleswig-Holsteiner 5 (1924), 23, S. 7-11.

Ders.: Die Vorgänge von 1460 und ihre Bedeutung für die schleswig-holsteinische Geschichte, Kiel 1928.

Ders./ Petersen, Carl: Ein Appell an die dänischen Geschichtsforscher, in: Der Schleswig-Holsteiner 10 (1929), S. 513-515.

Ders.: Hundert Jahre Gesellschaft für Schleswig-Holsteinische Geschichte. 1833 – 13. März – 1933, Neumünster 1933.

Ders.: Aufgaben der Familienforschung. Aus einer Ansprache bei Eröffnung einer von der Landesbibliothek in Kiel veranstalteten Ausstellung: „Familienforschung in Schleswig-Holstein", in: Der Schleswig-Holsteiner 15 (1934), 2, S. 48-51.

Ders.: Zum Gedächtnis der Schleswig-Holsteinischen Erhebung. 1848 – 24. März 1948, in: Flensburger Tageblatt, vom 23. März 1948.

Ders.: Ist „Südschleswig" wirklich dänisch? (Schriftenreihe des Schleswig-Holsteinischen Heimatbundes 1), Flensburg 1948.

Satzung der Gesellschaft für Schleswig-Holsteinische Geschichte 1935, Gesellschaft für Schleswig-Holsteinische Geschichte: Sammelband, o.O. o.J.

Scheel, Otto: Allgemeine Geschichte und Landesgeschichte, in: Deutsche Hefte für Volks- und Kulturbodenforschung 3 (1933), H. 3, S. 113-125.

Sommertagung der Gesellschaft für Schleswig-Holsteinische Geschichte, in: Nordische Rundschau, vom 20. September 1933.

Statute der Schleswig-Holstein-Lauenburgischen Gesellschaft für vaterländische Geschichte vom 6. Juli 1833, § 1 in: ASKHSHL 1 (1833), H.1, S. XXXV-XXXX.

Urkundensammlung der Schleswig-Holstein-Lauenburgischen Gesellschaft für vaterländische Geschichte, Bd. 1, Kiel 1839.

„Zu den Auseinandersetzungen in der Gesellschaft für Schleswig-Holsteinische Geschichte. Erklärung Dr. Alnors über die Geschichte der Ablehnung der auf ihn gefallenen Wahl in den Vorstand", in: Rendsburger Tageblatt, vom 2. September 1923.

3.) Zeitschriften

Zeitschrift der Gesellschaft für Schleswig-Holsteinische Geschichte (1918-1944)

B. Literatur

Ahrens-Schlüter, Regina: Der Volkswirt Jens Jessen. Leben und Werk, Marburg 2001.
Artikel: Aubin, Hermann, in: DBE, Bd. 1, München ²2005, S. 263.
Artikel: Hanssen, Hans Peter, in: Biographisches Staatshandbuch, Bd. 1, Bern 1963, S. 385.
Artikel: Hoppe, Willy, in: Wolfgang Weber: Biographisches Lexikon zur Geschichtswissenschaft in Deutschland, Österreich und der Schweiz, Frankfurt a.M. 1987, S. 443-444.
Artikel: Kötzschke, Rudolf, in: NDB, Bd. 12, München 1979, S. 415-416.
Artikel: Meyer, Arnold Oskar, in: Wolfgang Weber: Biographisches Lexikon zur Geschichtswissenschaft in Deutschland, Österreich und der Schweiz. Die Lehrstuhlinhaber für Geschichte von den Anfängen des Faches bis 1970, Frankfurt a.M. ²1987, S. 208.
Artikel: Michelsen, Andreas Ludwig Jacob, in: DBE, Bd. 7, München 1998, S. 434.
Artikel: Rachfahl, Felix, in: DBE, Bd. 8, München 1998, S. 418.
Artikel: Röer, Otto, in: Wer ist's? Unsere Zeitgenossen, Berlin ¹⁰1935, S. 353.
Artikel: Schow, Wilhelm. Landeshauptmann Schleswig-Holstein, in: Ernst Klee: Das Personenlexikon zum Dritten Reich. Wer war was vor und nach 1945? Frankfurt a. M. 2003, S. 558.
Artikel: Waitz, Georg, in: DBE, Bd. 10, München 1999, S. 307.
Berghoff, Hartmut: Zwischen Verdrängung und Aufarbeitung. Die bundesdeutsche Gesellschaft und ihre nationalsozialistische Vergangenheit in den fünfziger Jahren, in: GWU 49 (1998), S. 96-114.
Callmer, Johann: Archäologie und Nationalsozialismus als Gegenstand der modernen Forschung, in: Leube: Prähistorie und Nationalsozialismus, S. 3-16.
Clemens, Gabriele B.: Regionaler Nationalismus in den Historischen Vereinen des 19. Jahrhunderts?, in: WF 52 (2002), S. 133-158.
Dies.: *Sanctus amor patriae*. Eine vergleichende Studie zu deutschen und italienischen Geschichtsvereinen im 19. Jahrhundert, Tübingen 2004.
Dies.: Stein und die Anfänge der Historischen Vereine, in: Heinz Durchhardt (Hg.): Stein. Die späten Jahre des preußischen Reformers. 1915-1831, Göttingen 2007, S. 39-58.
Cornelißen, Christoph: Rezension zu: Schöttler: Geschichtsschreibung, in: HZ 269 (1999), S. 237-238.
Ders.: Das Kieler Historische Seminar in den NS-Jahren, in: ders./ Carsten Mish (Hg.): Wissenschaft an der Grenze. Die Universität Kiel im Nationalsozialismus (Mitteilungen der Gesellschaft für Kieler Stadtgeschichte 86), Essen 2009.
Danker; Uwe: „Es war immer etwas faul im Staate Dänemark." Der Abstimmungskampf in der deutsch-dänischen Grenzregion 1920, in: ders.: Jahrhundert-Story, Bd. 2, Flensburg 1999, S. 8-25.

Degn, Christian: Geschichtsschreibung in Schleswig-Holstein, Ausdruck ihrer Zeit, in: ZSHG 109 (1984), S. 11-34.
Diedrichsen-Heide, Karen; Das Institut für Volks- und Landesforschung an der Universität Kiel. Ein Element nationalsozialistischer Kulturpolitik. Seine Vorläufer – seine Nachfolger, in: Kieler Blätter zur Volkskunde 25 (1993), S. 21-63.
Dipper, Cristof: Rezension zu: Oberkrome: Volksgeschichte, in: HZ 261 (1995), S. 458-460.
Ditt, Karl: Vom Heimatverein zur Heimatbewegung. Westfalen 1875-1915, in: WF 39 (1989), S. 232-255.
Doege, Immo/ Jessen-Klingenberg, Manfred: Die nationalen Minderheiten im schleswigschen Grenzland. 1920-1955 (Schleswig-holsteinische Geschichte in Lichtbildern, Begleitheft 3), Kiel 1990.
Fink, Troels: Geschichte des schleswigschen Grenzlandes, Kopenhagen 1958.
Geisthövel, Alexa: Eigentümlichkeit und Macht. Deutscher Nationalismus 1830-1851. Der Fall Schleswig-Holstein, Wiesbaden 2003.
Gollwitzer, Heinz: Der kulturgeschichtliche Ort der Heimatbewegung gestern und heute, in: WF 27 (1975), S. 12-21.
Haar, Ingo: Historiker im Nationalsozialismus. Deutsche Geschichtswissenschaft und der „Volkstumskampf" im Osten, Göttingen 2000.
Hähnsen, Fritz/ Kamphausen, Alfred/ Schmidt, Harry: Vorwort, in: dies. (Hg.): Aus Schleswig-Holsteins Geschichte und Gegenwart. Eine Aufsatzsammlung als Festschrift für Volquart Pauls, Neumünster 1950.
Hansen, Reimer: Artikel: Dahlmann, Friedrich Christoph, in: Schleswig-Holsteinisches Biographisches Lexikon, Bd. 4, Neumünster 1976, S. 47-50.
Hauser, Oswald: Preußen und Schleswig-Holstein. Staatsgedanken und Landesbewusstsein (1866), in: Blätter für deutsche Landesgeschichte 121 (1985), S. 361-392.
Hausmann, Frank Rutger (Hg.): Die Rolle der Geisteswissenschaft im Dritten Reich 1933-1945, München 2002.
Heiber, Helmut: Universität unterm Hakenkreuz. Teil 1: Der Professor im Dritten Reich. Bilder aus der akademischen Provinz, München u.a. 1991.
Ders.: Walter Frank und sein Reichsinstituts für die Geschichte des neuen Deutschlands (Quellen und Darstellungen zur Zeitgeschichte, Bd. 13), Stuttgart 1966.
Hettling, Manfred (Hg.): Volksgeschichten im Europa der Zwischenkriegszeit, Göttingen 2003.
Ders.: Volk und Volksgeschichte in Europa, in: ders.: Volksgeschichten, S. 7-37.
Jahnke, Carsten: Borussifizierung des schleswig-holsteinischen Geschichtsbewusstsein, 1866-1889, in: ZSHG 130 (2005), S. 161-190.
Jakubowski-Tiessen, Manfred: Kulturpolitik im besetzten Land. Das Deutsche Wissenschaftliche Institut in Kopenhagen 1941 bis 1945, in: ZfG 42 (1994), H. 2, S. 129-138.
Jessen-Klingenberg, Manfred: Universität und Land. Geschichte der Schleswig-Holsteinischen Universitätsgesellschaft von 1918 bis 1968, Kiel 1971.
Klatt, Martin: Nationale Volksabstimmung und demokratische politische Kultur - ein Widerspruch? Kritische Anmerkung zum Artikel von Karl Heinrich Pohl: „De-

mokratisches Schleswig-Holstein? Zur politischen Kultur bei den Volksabstimmungen 1920", in: DG 11 (1998), S. 291-298.

Klose, Olaf: Volquart Pauls, in: ZSHG 79 (1955), S. 9-16.

Ders.: 125 Jahre Gesellschaft für Schleswig-Holsteinische Geschichte. 13. März 1833 – 13. März 1958, Neumünster 1958.

Klüver, Wilhelm: Hedemann-Heespen, Paul, in: Schleswig-Holsteinisches Biographisches Lexikon, Bd. 3, Neumünster 1974, S. 134-135.

Kolb, Eberhard: Der Frieden von Versailles, München 2005.

Kreklau, Bernd: Paul von Hedemann-Heespens öffentliche Preußenkritik, Kiel 1986.

Krumeich, Gerd (Hg.): Versailles 1919. Ziele – Wirkung – Wahrnehmung, Köln 2001.

Ders.: Versailles 1919. Der Krieg in den Köpfen, in: Ders. (Hg.): Versailles 1919, S. 53-64.

Kurlander, Eric: Otto Scheel: National Liberal, Nordic Prophet, in: Ingo Haar/ Michael Fahlbusch (Hg.): German Scholars and Ethnic Cleansing. 1919-1945, New York/ Oxford 2006, S. 200-212.

Kunz, Georg: Verortete Geschichte. Regionales Geschichtsbewußtsein in den deutschen historischen Vereinen des 19. Jahrhunderts, Göttingen 2000.

Kuschert, Rolf: Professor Dr. Volquart Pauls. 23. Januar 1884 – 9. Mai 1954. Vortrag, gehalten in einer Feierstunde des Heimatbundes Landschaft Eiderstedt in Kating am 22. Januar 1984 (Heimatkundliche Schriften des Nordfriesischen Vereins 7), Husum 1984.

Lammers, Karl Christian: Konflikte und Konfliktlösungen in der deutsch-dänischen Nationalitätenfrage seit 1840: Der Fall Schleswig, in: Philipp Ther/ Holm Sundhausen (Hg.): Nationalitätenkonflikte im 20. Jahrhundert. Ursachen von interethnischer Gewalt im Vergleich (Forschungen zur europäischen Geschichte 59), Wiesbaden 2001, S. 203-217.

Lehmann, Hartmut/ Oexle, Otto Gerhard (Hg.): Nationalsozialismus in den Kulturwissenschaften. 2 Bde., Göttingen 2004.

Leube, Achim (Hg.): Prähistorie und Nationalsozialismus. Die mittel- und osteuropäischen Ur- und Frühgeschichtsforschungen in den Jahren 1933-1945, München 2001.

Lorenz, Thomas: „Die Weltgeschichte ist das Weltgericht". Der Versailler Vertrag in Diskurs und Zeitgeist der Weimarer Republik, Frankfurt a.M./ New York 2008.

Lornsen, Uwe Jens: Über das Verfassungswerk in Schleswig-Holstein, Kiel 1830.

Lund, Allan A.: Germanenideologie im Nationalsozialismus. Zur Rezeption der ‚Germania' des Tacitus im „Dritten Reich", Heidelberg 1995

Michelsen, Andreas Ludwig Jacob: Falck, Nikolaus, in: ADB, Bd. 6, Berlin 1968 (Neudruck der 1. Auflage von 1877), S. 539-543.

Molzow, Hartwig: Jessen, Jens Peter, in: Biographisches Lexikon für Schleswig-Holstein und Lübeck 12 (2006), S. 235-243.

Neitmann, Klaus: Willy Hoppe, die brandenburgische Landesgeschichtsforschung und der Gesamtverein der deutschen Geschichts- und Altertumsvereine in der NS-Zeit, in: Blätter für Deutsche Landesgeschichte 141./142. (2005/2006), Bd. 1, S. 19-60.

Ders.: Geschichtsvereine und historische Kommissionen als Organisationsformen der Landesgeschichtsforschung, dargestellt am Beispiel der preußischen Provinz Brandenburg, in: Wolfgang Neugebauer (Hg.): Das Thema „Preußen" in Wissenschaft und Wissenschaftspolitik des 19. und 20. Jahrhunderts, Berlin 2006, S. 115-182.

Oberkrome, Willi: Volksgeschichte. Methodische Innovation und völkische Ideologisierung in der deutschen Geschichtswissenschaft 1918-1945 (Kritische Studien zur Geschichtswissenschaft 101), Göttingen 1993.

Ders.: Entwicklungen und Varianten der deutschen Volksgeschichte (1900-1960), in: Hettling: Volksgeschichten, S. 65-95.

Pabst, Klaus: Historische Vereine und Kommissionen in Deutschland bis 1914, in: Ferdinand Seibt (Hg.): Vereinswesen und Geschichtspflege in den böhmischen Ländern, München 1986, S. 13-38.

Ders.: Thesen zur Entwicklung der Historischen Vereine in Deutschland in der Zeit des Dritten Reiches, in: Geschichtsvereine. Entwicklungen und Perspektiven lokaler und regionaler Geschichtsarbeit. Dokumentation einer Studienkonferenz in Zusammenarbeit mit dem Landschaftsverband Rheinland/ Referat Heimatpflege, hrsg. v. Thomas-Morus-Akademie Bensberg (Bensberger Protokolle 62), Bergisch Gladbach 1990, S. 33-40.

Pape, Wolfgang: Zur Entwicklung des Faches Ur- und Frühgeschichte in Deutschland bis 1945, in: Leube: Prähistorie und Nationalsozialismus, S. 163-226.

Pauls, Volquart: Karl Alnor zum Gedächtnis, in: ZSHG 49 (1941), S. VIIf.

Pfeiffer, Werner: Ahlmann, Hans Wilhelm, in: Schleswig-Holsteinisches Biographisches Lexikon 1 (1970), S. 24f.

Popp, Christoph: Der Mannheimer Altertumsverein. 1859-1949. Regionale Forschungen, Sozialstruktur und Geschichtsbild eines Historischen Vereins, Mannheim 1996.

Puschner, Uwe: Grundzüge völkischer Rasseideologie, in: Leube: Prähistorie und Nationalsozialismus, S. 49-72.

Ders.: Germanenideologie und völkische Weltanschauung, in: Heinrich Beck u.a. (Hg.): Zur Geschichte der Gleichung „germanisch-deutsch". Sprache und Namen, Geschichte und Institutionen (Ergänzungsbände zum Reallexikon der Germanischen Altertumskunde 34), Berlin/ New York 2004, S. 102-129.

Pohl, Karl Heinrich: Demokratisches Schleswig-Holstein? Zur politischen Kultur bei den Volksabstimmungen im Jahre 1920, in: DG 10 (1996), S. 105-124.

Rüsen, Jörn: Historische Vernunft. Grundzüge einer Historik. Bd. 1: Die Grundlagen der Geschichtswissenschaft, Göttingen 1983.

Schaab, Meinrad: Die Südwestdeutsche Landesgeschichte seit 1918 im Spannungsfeld zwischen staatlicher Förderung, Zeitströmung und wissenschaftlicher Unabhängigkeit, in: ders. (Hg.): Staatliche Förderung und wissenschaftliche Unabhängigkeit der Landesgeschichte. Beiträge zur Geschichte der Historischen Kommissionen im deutschen Südwesten, Stuttgart 1995, S. 1-170.

Schmitz-Berning, Cornelia: Vokabular des Nationalsozialismus, Berlin/ New York 1998.

Schönwälder, Karen: Historiker und Politik. Geschichtswissenschaft im Nationalsozialismus (Historische Studien, Bd. 9), Frankfurt a.M./ New York 1992.

Schöttler, Peter: Geschichtswissenschaft als Legitimationswissenschaft 1918-1945, Frankfurt a.M. 1997.

Schütte, Hans-Friedrich: Landesgeschichte im ideologischen Wandel – Einige Betrachtungen zu den methodischen Frage, in: ZSHG 108 (1983), S. 11-50.

Schulze, Winfried/ Oexle, Otto Gerhard (Hg.): Deutsche Historiker im Nationalsozialismus, Frankfurt a.M. 1999.

Ders./ Helm, Gerd/ Ott, Thomas: Deutsche Historiker im Nationalsozialismus. Beobachtungen und Überlegungen zu einer Debatte, in: Schulze/ Oexle: Deutsche Historiker, S. 9-48.

Seier, Hellmut: Kurhessenforschung im 20. Jahrhundert. Bilanz und Ausblick, in: Ulrich Reuling/ Winfried Speitkamp (Hg.): Fünfzig Jahre Landesgeschichtsforschung in Hessen (Hessisches Jahrbuch für Landesgeschichte, Bd. 50), Marburg 2000, S. 287-320.

Speitkamp, Winfried: Landesgeschichte und Geschichtsverein in der NS-Zeit, in: Blätter für deutsche Landesgeschichte 141/142 (2005/2006), S. 1-18.

Unterstell, Rembert: Klio in Pommern. Die Geschichte der pommerschen Historiographie 1815 bis 1945, Köln u.a. 1996.

Werner, Karl Ferdinand: Das NS-Geschichtsbild und die deutsche Geschichtswissenschaft, Stuttgart 1967.

Wriedt, Siegrid: Olshausen, Theodor, in: Biographisches Lexikon für Schleswig-Holstein und Lübeck 7 (1985), S. 156-161.

Württenberger, Thomas/ Sydow, Gernot: Versailles und das Völkerrecht, in: Krumeich: Versailles 1919, S. 35-52.

Wulf, Peter: Die Stadt in der nationalsozialistischen Zeit (1933 bis 1945), in: Ders./ Jürgen Jensen (Hg.): Geschichte der Stadt Kiel, Neumünster 1991, S. 359-400.

Ders.: Revolution, schwache Demokratie und Sieg in der „Nordmark" – Schleswig-Holstein in der Zeit der Weimarer Republik, in: Ulrich Lange (Hg.): Geschichte Schleswig-Holsteins. Von den Anfängen bis zur Gegenwart, Neumünster 1996, S. 513-584.

C. Internetressourcen

Bundesarchiv: Edition: Akten der Reichskanzlei. Weimarer Republik. Online. http://www.bundesarchiv.de/aktenreichskanzlei/1919-1933/0001/adr/adrsz/kap1_2/para2_77.html, letzter Zugriff am 17. April 2010.

Gesellschaft für Schleswig-Holsteinische Geschichte: Satzung der GSHG nach dem Stand vom 24. Mai 2003. http://www.geschichte-s-h.de/themadesmonatsindex.htm, letzter Zugriff am 14. Februar 2011.

KIELER WERKSTÜCKE

Reihe A: Beiträge zur schleswig-holsteinischen und skandinavischen Geschichte
Hrsg. von Oliver Auge und Thomas Riis

Band 1 Kai Fuhrmann: Die Auseinandersetzung zwischen königlicher und gottorfischer Linie in den Herzogtümern Schleswig und Holstein in der zweiten Hälfte des 17. Jahrhunderts. 1990.

Band 2 Ralph Uhlig (Hrsg.): Vertriebene Wissenschaftler der Christian-Albrechts-Universität zu Kiel (CAU) nach 1933. Zur Geschichte der CAU im Nationalsozialismus. Eine Dokumentation, bearbeitet von Uta Cornelia Schmatzler und Matthias Wieben. 1991.

Band 3 Carsten Obst: Der demokratische Neubeginn in Neumünster 1947 bis 1950 anhand der Arbeit und Entwicklung des Neumünsteraner Rates. 1992.

Band 4 Thomas Hill: Könige, Fürsten und Klöster. Studien zu den dänischen Klostergründungen des 12. Jahrhunderts. 1992.

Band 5 Rüdiger Wurr/Udo Gerigk/Uwe Törper/Alfred Sielken: Türkische Kolonie im Wandel. Ausländersozialarbeit und Ausländerpädagogik in Schleswig-Holstein (Bandhrsg.: Kai Fuhrmann und Ralph Uhlig). 1992.

Band 6 Torsten Mußdorf: Die Verdrängung jüdischen Lebens in Bad Segeberg im Zuge der Gleichschaltung 1933–1939 (Bandhrsg.: Kai Fuhrmann und Ralph Uhlig).1992.

Band 7 Thorsten Afflerbach: Der berufliche Alltag eines spätmittelalterlichen Hansekaufmanns. Betrachtungen zur Abwicklung von Handelsgeschäften. 1993.

Band 8 Ralph Uhlig: *Confidential Reports* des Britischen Verbindungsstabes zum Zonenbeirat der britischen Besatzungszone in Hamburg (1946–1948). Demokratisierung aus britischer Sicht. 1993.

Band 9 Broder Schwensen: Der Schleswig-Holsteiner-Bund 1919–1933. Ein Beitrag zur Geschichte der nationalpolitischen Verbände im deutsch-dänischen Grenzland. 1993.

Band 10 Matthias Wieben: Studenten der Christian-Albrechts-Universität im Dritten Reich. Zum Verhaltensmuster der Studenten in den ersten Herrschaftsjahren des Nationalsozialismus. 1994.

Band 11 Volker Henn/Arnved Nedkvitne (Hrsg.): Norwegen und die Hanse. Wirtschaftliche und kulturelle Aspekte im europäischen Vergleich. 1994.

Band 12 Jürgen Hartwig Ibs: Die Pest in Schleswig-Holstein von 1350 bis 1547/48. Eine sozialgeschichtliche Studie über eine wiederkehrende Katastrophe. 1994.

Band 13 Martin Höffken: Die "Kieler Erklärung" vom 26. September 1949 und die "Bonn-Kopenhagener Erklärungen" vom 29. März 1955 im Spiegel deutscher und dänischer Zeitungen. Regierungserklärungen zur rechtlichen Stellung der dänischen Minderheit in Schleswig- Holstein in der öffentlichen Diskussion. 1994.

Band 14 Erich Hoffmann, Frank Lubowitz (Hrsg.): Die Stadt im westlichen Ostseeraum. Vorträge zur Stadtgründung und Stadterweiterung im Hohen Mittelalter. Teil 1 und 2. 1995.

Band 15 Claus Ove Struck: Die Politik der Landesregierung Friedrich Wilhelm Lübke in Schleswig-Holstein (1951–1954). 1997.

Band 16 Hannes Harding: Displaced Persons (DPs) in Schleswig-Holstein 1945–1953. 1997.

Band 17 Olav Vollstedt: Maschinen für das Land. Agrartechnik und produzierendes Gewerbe Schleswig-Holsteins im Umbruch (um 1800–1867). 1997.

Band 18 Jörg Philipp Lengeler: Das Ringen um die Ruhe des Nordens. Großbritanniens Nordeuropa-Politik und Dänemark zu Beginn des 18. Jahrhunderts. 1998.

Band 19 Thomas Riis (Hrsg.): Tisch und Bett. Die Hochzeit im Ostseeraum seit dem 13. Jahrhundert. 1998.

Band 20 Alf R. Bjercke: Norwegische Kätnersöhne als königliche Dragoner. Eine Abhandlung über den Dragonerdienst in Norwegen und die Grenzwache in Schleswig-Holstein 1758–1762. 1999.

Band 21 Niels Bracke: Die Regierung Waldemars IV. Eine Untersuchung zum Wandel von Herrschaftsstrukturen im spätmittelalterlichen Dänemark. 1999.

Band 22 Lutz Sellmer: Albrecht VII. von Mecklenburg und die Grafenfehde (1534–1536). 1999.

Band 23 Ernst-Erich Marhencke: Hans Reimer Claussen (1804–1894). Kämpfer für Freiheit und Recht in zwei Welten. Ein Beitrag zu Herkunft und Wirken der "Achtundvierziger". 1999.

Band 24 Hans-Otto Gaethke: Herzog Heinrich der Löwe und die Slawen nordöstlich der unteren Elbe. 1999.

Band 25 Henning Unverhau: Gesang, Feste und Politik. Deutsche Liedertafeln, Sängerfeste, Volksfeste und Festmähler und ihre Bedeutung für das Entstehen eines nationalen und politischen Bewußtseins in Schleswig-Holstein 1840–1848. 2000.

Band 26 Joseph Ben Brith: Die Odyssee der Henrique-Familie (Bandhrsg.: Björn Marnau und Ralph Uhlig). 2001.

Band 27 Karl-Otto Hagelstein: Die Erbansprüche auf die Herzogtümer Schleswig und Holstein 1863/64. 2003.

Band 28 Annegret Wittram: Fragmenta. Felix Jacoby und Kiel. Ein Beitrag zur Geschichte der Kieler Christian-Albrechts-Universität. 2004.

Band 29 Sönke Loebert: Die dänische Vergangenheit Schleswigs und Holsteins in preußischen Geschichtsbüchern. 2008.

Band 30 Hans Gerhard Risch: Der holsteinische Adel im Hochmittelalter. Eine quantitative Untersuchung. 2010.

Reihe B: Beiträge zur nordischen und baltischen Geschichte
Hrsg. von Hain Rebas

Band 1 Rainer Plappert: Zwischen Zwangsclearing und Entschädigung. Die politischen Beziehungen zwischen der Bundesrepublik Deutschland und Schweden im Schatten der Kriegsfolgefragen 1949–1956. 1996.

Band 2 Volker Seresse: Des Königs "arme weit abgelegenne Vntterthanen". Oesel unter dänischer Herrschaft 1559/84–1613. 1996.

Band 3 Ingrid Bohn: Zwischen Anpassung und Verweigerung. Die deutsche St. Gertruds Gemeinde in Stockholm zur Zeit des Nationalsozialismus. 1997.

Band 4 Saskia Pagell: Souveränität oder Integration? Die Europapolitik Dänemarks und Norwegens von 1945 bis 1995. 2000.

Band 5 Ulrike Hanssen-Decker: Von Madrid nach Göteborg. Schweden und der EU-Beitritt Estlands, Lettlands und Litauens, 1995–2001. 2008.

Reihe C: Beiträge zur europäischen Geschichte des frühen und hohen Mittelalters
Hrsg. von Hans Eberhard Mayer

Band 1 Martin Rheinheimer: Das Kreuzfahrerfürstentum Galiläa. 1990.

Band 2 Oliver Berggötz: Der Bericht des Marsilio Zorzi. Codex Querini-Stampalia IV 3 (1064). 1990.

Band 3 Thomas Eck: Die Kreuzfahrerbistümer Beirut und Sidon im 12. und 13. Jahrhundert auf prosopographischer Grundlage. 2000.

Reihe D: Beiträge zur europäischen Geschichte des späten Mittelalters
Hrsg. von Werner Paravicini

Band 1 Holger Kruse, Werner Paravicini, Andreas Ranft (Hrsg.): Ritterorden und Adelsgesellschaften im spätmittelalterlichen Deutschland. Ein systematisches Verzeichnis. 1991.

Band 2 Werner Paravicini (Hrsg.): Hansekaufleute in Brügge. Teil 1: Die Brügger Steuerlisten 1360–1390, hrsg. von Klaus Krüger. 1992.

Band 3 Les Chevaliers de l'Ordre de la Toison d'or au XVe siècle. Notices bio-bibliographiques publiées sous la direction de Raphaël de Smedt. 1994. 2. Auflage 2000.

Band 4 Werner Paravicini (Hrsg.): Der Briefwechsel Karls des Kühnen (1433–1477). Inventar. Redigiert von Sonja Dünnebeil und Holger Kruse. Bearbeitet von Susanne Baus u.a. Teil 1 und 2. 1995.

Band 5 Werner Paravicini (Hrsg.): Europäische Reiseberichte des späten Mittelalters. Eine analytische Bibliographie. Teil 1: Deutsche Reiseberichte, bearb. von Christian Halm. 1994. 2., durchgesehene und um einen Nachtrag ergänzte Auflage 2001.

Band 6 Rainer Demski: Adel und Lübeck. Studien zum Verhältnis zwischen adliger und bürgerlicher Kultur im 13. und 14. Jahrhundert. 1996.

Band 7 Anne Chevalier-de Gottal: Les Fêtes et les Arts à la Cour de Brabant à l'aube du XVe siècle. 1996.

Band 8 Stephan Selzer: Artushöfe im Ostseeraum. Ritterlich-höfische Kultur in den Städten des Preußenlandes im 14. und 15. Jahrhundert. 1996.

Band 9 Werner Paravicini (Hrsg.): Hansekaufleute in Brügge. Teil 2. Georg Asmussen: Die Lübecker Flandernfahrer in der zweiten Hälfte des 14. Jahrhunderts (1358–1408). 1999.

Band 10 Jean Marie Maillefer: Chevaliers et princes allemands en Suède et en Finlande à l'époque des Folkungar (1250–1363). Le premier établissement d'une noblesse allemande sur la rive septentrionale de la Baltique. 1999.

Band 11 Werner Paravicini, Horst Wernicke (Hrsg.): Hansekaufleute in Brügge. Teil 3. Prosopographischer Katalog zu den Brügger Steuerlisten 1360–1390. Bearbeitet von Ingo Dierck, Sonja Dünnebeil und Renée Rößner. 1999.

Band 12 Werner Paravicini (Hrsg.): Europäische Reiseberichte des späten Mittelalters. Eine analytische Bibliographie. Teil 2: Französische Reiseberichte, bearbeitet von Jörg Wettlaufer in Zusammenarbeit mit Jacques Paviot. 1999.

Band 13 Nils Jörn, Werner Paravicini, Horst Wernicke (Hrsg.): Hansekaufleute in Brügge. Teil 4. Beiträge der Internationalen Tagung in Brügge April 1996. 2000.

Band 14 Werner Paravicini (Hrsg.): Europäische Reiseberichte des späten Mittelalters. Eine analytische Bibliographie. Teil 3. Niederländische Reiseberichte. Nach Vorarbeiten von Detlev Kraack bearbeitet von Jan Hirschbiegel. 2000.

Band 15 Werner Paravicini (Hrsg.): Hansekaufleute in Brügge. Teil 5. Renée Rößner: Hansische Memoria in Flandern. Alltagsleben und Totengedenken der Osterlinge in Brügge und Antwerpen (13. bis 16. Jahrhundert). 2001.

Reihe E: Beiträge zur Sozial- und Wirtschaftsgeschichte
Hrsg. von Gerhard Fouquet

Band 1 Thomas Hill/Dietrich W. Poeck (Hrsg.): Gemeinschaft und Geschichtsbilder im Hanseraum. 2000.

Band 2 Gabriel Zeilinger: Die Uracher Hochzeit 1474. Form und Funktion eines höfischen Festes im 15. Jahrhundert. 2002.

Band 3 Sascha Taetz: Richtung Mitternacht. Wahrnehmung und Darstellung Skandinaviens in Reiseberichten städtischer Bürger des 16. und 17. Jahrhunderts. 2004.

Band 4 Harm von Seggern / Gerhard Fouquet / Hans-Jörg Gilomen (Hrsg.): Städtische Finanzwirtschaft am Übergang vom Mittelalter zur Frühen Neuzeit. 2007.

Band 5 Gerhard Fouquet (Hrsg.): Die Reise eines niederadeligen Anonymus ins Heilige Land im Jahre 1494. 2007.

Band 6 Sven Rabeler: Das Familienbuch Michels von Ehenheim (um 1462/63–1518). Ein niederadliges Selbstzeugnis des späten Mittelalters. Edition, Kommentar, Untersuchung. 2007.

Band 7 Gerhard Fouquet / Gabriel Zeilinger (Hrsg.): Die Urbanisierung Europas von der Antike bis in die Moderne. 2009.

Band 8 Dietrich W. Poeck: Die Herren der Hanse. Delegierte und Netzwerke. 2010.

Band 9 Carsten Stühring: Der Seuche begegnen. Deutung und Bewältigung von Rinderseuchen im Kurfürstentum Bayern des 18. Jahrhunderts. 2011.

Reihe F: Beiträge zur osteuropäischen Geschichte
Hrsg. von Rudolf Jaworski und Ludwig Steindorff

Band 1 Peter Nitsche (Hrsg.), unter Mitarbeit von Ekkehard Klug: Preußen in der Provinz. Beiträge zum 1. deutsch-polnischen Historikerkolloquium im Rahmen des Kooperationsvertrages zwischen der Adam-Mickiewicz-Universität Poznań und der Christian-Albrechts-Universität zu Kiel. 1991.

Band 2 Rudolf Jaworski (Hrsg.): Nationale und internationale Aspekte der polnischen Verfassung vom 3. Mai 1791. Beiträge zum 3. deutsch-polnischen Historikerkolloquium im Rahmen des Kooperationsvertrages zwischen der Adam-Mickiewicz-Universität Poznań und der Christian-Albrechts-Universität zu Kiel, unter Mitarbeit von Eckhard Hübner. 1993.

Band 3 Peter Nitsche (Hrsg.): Die Nachfolgestaaten der Sowjetunion. Beiträge zur Geschichte, Wirtschaft und Politik. Herausgegeben unter Mitarbeit von Jan Kusber. 1994.

Band 4 Stephan Conermann, Jan Kusber (Hrsg.): Die Mongolen in Asien und Europa. 1997.

Band 5 Randolf Oberschmidt: Rußland und die schleswig-holsteinische Frage 1839–1853. 1997.

Band 6 Rudolf Jaworski / Jan Kusber / Ludwig Steindorff (Hrsg.): Gedächtnisorte in Osteuropa. Vergangenheiten auf dem Prüfstand. 2003.

Band 7 Ulrich Kaiser: Realpolitik oder antibolschewistischer Kreuzzug? Zum Zusammenhang von Rußlandbild und Rußlandpolitik der deutschen Zentrumspartei 1917–1933. 2005.

Band 8 Annelore Engel-Braunschmidt / Eckhard Hübner (Hrsg.): Jüdische Welten in Osteuropa. 2005.

Band 9 Martin Aust / Ludwig Steindorff (Hrsg.): Russland 1905. Perspektiven auf die erste Russische Revolution. 2007.

Reihe G: Beiträge zur Frühen Neuzeit
Hrsg. von Olaf Mörke

Band 1 Rolf Schulte: Hexenmeister. Die Verfolgung von Männern im Rahmen der Hexenverfolgung von 1530–1730 im Alten Reich. 2000. 2., ergänzte Auflage 2001.

Band 2 Jan Klußmann: Lebenswelten und Identitäten adliger Gutsuntertanen. Das Beispiel des östlichen Schleswig-Holsteins im 18. Jahrhundert. 2002.

Band 3 Daniel Höffker / Gabriel Zeilinger (Hrsg.): Fremde Herrscher. Elitentransfer und politische Integration im Ostseeraum (15.–18. Jahrhundert). 2006.

Band 4 Volker Seresse (Hrsg.): Schlüsselbegriffe der politischen Kommunikation in Mitteleuropa während der frühen Neuzeit. 2009.

Band 5 Björn Aewerdieck: Register zu den Wunderzeichenbüchern Job Fincels. 2010.

Reihe H: Beiträge zur Neueren und Neuesten Geschichte
Hrsg. von Christoph Cornelißen

Band 1 Lena Cordes: Regionalgeschichte im Zeichen politischen Wandels. Die Gesellschaft für Schleswig-Holsteinische Geschichte zwischen 1918 und 1945. 2011.

www.peterlang.de